U0901564

宝贝儿要出游

0~3岁攻略

姜靓◎著

西苑出版社
XIYUAN PUBLISHING HOUSE
北京

图书在版编目(CIP)数据

宝贝儿要出游 / 姜靓著. -- 北京 : 西苑出版社,
2013.5
ISBN 978-7-5151-0351-8

Ⅰ. ①宝… Ⅱ. ①姜… Ⅲ. ①家庭教育 Ⅳ. ①G78

中国版本图书馆CIP数据核字(2013)第082848号

宝贝儿要出游

著　　者	姜靓
责任编辑	王秋月
出版发行	西苑出版社
通讯地址	北京市朝阳区和平街11区37号楼
邮政编码	100013
电　　话	010-88637122
传　　真	010-88637120
网　　址	www.xiyuanpublishinghouse.com
印　　刷	小森印刷（北京）有限公司
经　　销	全国新华书店
开　　本	710mm×1000mm　1/16
字　　数	150千字
印　　张	12
版　　次	2013年8月第1版
印　　次	2013年8月第1次印刷
书　　号	ISBN 978-7-5151-0351-8
定　　价	39.80 元

序 | 我要带你出去玩

爱玩，从来就是孩子的天性，不管是三五岁的孩子还是三五个月的宝宝，他们对于未知世界的好奇绝对超越父母们的想象。

可是宝宝啊，你们这么小，可以去哪里呢？

而且宝宝啊，你们这么脆弱，可以驾驭住旅程的艰难吗？

每个做父母的都有一颗带孩子出去见识世界的心，可惜，当工作一繁忙，那些念头就会被这心中的困扰给浇熄。

的确，带孩子出门是一件麻烦、琐碎而且责任重大的事情。做出玩的计划，需要百般的勇气，然而不履行这个计划，只是一点点微小的理由就能做到。

成长是不可逆转的璀璨时光，成长是每个孩子只有一次的宝贵历程，成长亦是父母为孩子履行承诺最纯粹亦最简单的绝佳时期。在孩子最需要我们，拿我们当作生活重心的重要时光中，让我们承担起让孩子快乐的责任，带着他们痛快地出去玩儿吧！

不要被空气里可能存在的病菌吓倒，不要拿风吹雨打作为借口，低频率的出游，相信每个妈妈都能将细节处理得周全。

孩子，让妈妈带你在春夏秋冬去看不同的风景。

带你飞天遁地领略不同的人情。

带你吃香喝辣接触不同的人群。

带你无拘无束、快快乐乐地玩遍大江南北。

好吗？

前言 | 宝宝出门前的身体检查

带宝宝出门，比自己独自旅行更讲究天时地利与人和，其中天时、地利除了靠天气预报和行程计划外，还有一点运气的成分。辣妈们唯一可以把控，且必须控制好的，便是——人和。

宝宝出门在外，身体健康、人身安全显得尤为重要，做不到这两点的出游都将是失败的、不尽兴的。况且0~3岁的宝宝，语言能力尚未发育完全，交流沟通更为困难一些，父母们则需要倾注更多的关怀和更为仔细的观察。

身体健康是宝宝出门的第一要事。无论是近游还是远游，在宝宝出门前，家长都应该给他们来个家庭式的身体检查。

自查项目	标　准	自查结果
体温	36度至37.5度之间	
食欲	进食频率、食量均正常	
精神	精力旺盛	
睡眠	没有夜哭、夜闹现象即可	
是否咳嗽	无	
是否鼻涕	无	
是否皮疹	无	
是否腹泻	无	
是否便秘	无	

如果只是短程的出游，宝宝通过以上检查即可。反之，如果是一天以上的长途旅行，除此之外，父母们还应该考察宝宝的过往病历，从近期的身体表现情况来判断是否有病情复发的可能，从而决定孩子是否适宜出门。

成年人有点头疼脑热的还可以忍一忍，可是不会表达的孩子很可能因为表达能力的欠缺而让小病迅速扩大为急病，等父母们发现再出手，就更忧心焦虑了。所以，一定要在孩子百分百健康的状况下出游，这是保证游玩快乐的最大前提。

辣妈们，今天带宝宝外出的节目是什么呢？从自查身体开始你的旅行计划吧！

达标的宝宝，穿上靓装准备出发咯！

PART 1
入门篇：小区周边游

>>> STEP. 1　思想斗争/ 003

难题大爆发：婴儿出门困难多/ 005

辣妈实践：说走就走靠勇气/ 006

>>> STEP. 2　行前演习/ 008

难题大爆发：一发不可收拾/ 010

辣妈实践：出门还得定时定点/ 012

>>> STEP. 3　选址与选人/ 014

难题大爆发：一人一娃搞不定/ 015

辣妈实践：这样玩拼团/ 017

>>> STEP. 4　备车、备包/ 019

难题大爆发：精华与糟粕实难抉择/ 020

辣妈实践：装满秘密的妈咪袋/ 022

>>> STEP. 5　城市公园出游攻略/ 026

难题大爆发：当兴奋遇上疲倦/ 028

辣妈实践：巧用坑蒙拐骗/ 029

PART 2
基础篇：热身市内游

>>> STEP. 1 宝有多大，我们就能走多远/ 033

难题大爆发：生物钟紊乱/ 035

辣妈实践：睡得好才能玩得好/ 037

>>> STEP. 2 备干粮、备包/ 039

难题大爆发：舌尖上的苦恼/ 042

辣妈实践：如何把辅食变成干粮/ 044

>>> STEP. 3 安全最大事/ 046

难题大爆发：安全防范够不够/ 049

辣妈实践：辣爸辣妈家庭演习/ 051

>>> STEP. 4 动物园出游攻略/ 054

难题大爆发：每个动物都有致命吸引力/ 056

辣妈实践：闪玩趣味多/ 058

>>> STEP. 5 植物园出游攻略/ 060

难题大爆发：拍照不是宝宝的菜/ 063

辣妈实践：从观瞻到参与/ 065

PART 3
进阶篇：远距离自驾游

>>> STEP. 1 约法三章/ 071

难题大爆发：生活习惯太随意/ 074

辣妈实践：吃喝拉撒多沟通/ 076

>>> STEP. 2 备衣服、备包/ 079

难题大爆发：行李如牛毛/ 081

辣妈实践：自驾护航攻略知多少/ 084

>>> STEP. 3 夜观星象/ 086

难题大爆发：天气才是拦路虎/ 089

辣妈实践：季节出游各具特色/ 092

>>> STEP. 4 森林公园出游攻略/ 094

难题大爆发：孩子才不跟你拼体力/ 099

辣妈实践：边吃边玩乐趣多/ 102

>>> STEP. 5 江滩出游攻略/ 104

难题大爆发：就是要到水里去/ 107

辣妈实践：江滩早晚大不同/ 110

>>> STEP. 6 主题游乐场攻略/ 112

难题大爆发：不吃不喝不知疲倦/ 115

辣妈实践：又何妨一条龙服务/ 117

PART 4
高级篇：海陆空全接触游

>>> STEP. 1　从坐高铁开始/ 125
难题大爆发：不哭不闹的有效期太短/ 126
辣妈实践：故事书、玩具和电脑一个也不能少/ 127
>>> STEP. 2　吊桥你敢不敢/ 133
难题大爆发：进退两难/ 135
辣妈实践：回忆里存着勇气/ 136
>>> STEP. 3　挑战长途火车有难度/ 140
难题大爆发：孩子一自主，麻烦就跟来/ 143
辣妈实践：跟自己玩儿不如跟人玩儿/ 145
>>> STEP. 4　夏季消暑冰凉戏水攻略/ 148
A 奔向海滩/ 150
难题大爆发：又爱又怕的海，又爱又恨的沙/ 153
辣妈实践：全世界的沙子都是你的玩具/ 155
B 激情漂流/157
难题大爆发：漂流救生衣没有宝宝的SIZE/159
辣妈实践：漂流界的水枪大战/ 160
>>> STEP. 5　索道上的新眼界/ 163
难题大爆发：手心捏了一把汗/ 166
辣妈实践：空中心理课/ 167
>>> STEP. 6　轮船初尝试/ 169
难题大爆发：他竟然要中途“下船”/ 171
辣妈实践：一秒也不能松懈地盯梢/ 173
>>> 附　冬季勇敢滑雪攻略/ 175

PART 1 入门篇：小区周边游

【宝言宝语】

妈妈，你知道我第一次见到蓝天是在什么时候吗？

那天，你抱着我从医院回家，就在医院大门口，我第一次见到了蓝蓝的天空，还有棉花糖一般的朵朵白云，好美呀……可是大家都很担心我们吹到了风，一条大围巾迅速地盖在了我的脸上，接下来便是一个月的室内生活。

听说，你在坐月子。可是我，也要一起坐月子吗？

妈妈，我好想，再看看那蓝天、白云。

终于，我等到你带我出门了，可是，这根本就是一个骗局，你竟然是带我去打预防针——我不要——

听说冬天来了，窗户上要么是雨滴，要么是雪花，我再也不能出门了，是吗？

妈妈，我好想出去玩！

STEP. 1 [思想斗争]

看着孩子一天一天地长大，仿佛床铃、玩具们都已经不能满足他的需求，只要一抱他到窗边晒太阳，就发现他嘴角的笑容弥漫开来。

其实，激动的哪里是孩子，根本就是新手的父母们，急于将世间美好的一切呈现给襁褓里的娃娃。即使妈妈们早已过了做梦的年龄，对生活的热爱还是被那细嫩的小家伙给轻易唤醒。

小朋友刚满月，妈妈们就想着，要带他去哪里见识见识呢？

五花八门的想法随之而来……

妈妈提议：去动物园看老虎、大象怎么样？

爸爸否定：去动物园看人的频率比看动物的频率高太多，不好不好。

妈妈提议：带他逛商场或者超市吧，琳琅满目的东西有助于刺激孩子的视觉成长。

爸爸否定：那更不行了，商场超市空气最不好了，容易传染疾病。

还有一众提议，譬如去游乐场、去江滩，等等，都被否掉！爸爸的总结语是：孩子太小，懂个啥？！

多愁善感的妈妈们在这个时候就难免要泪眼婆娑了：“让孩子整天闷在家里，都闷傻了！”

妈妈永远是宝宝最佳的发言人，小家伙的心里话都被妈妈说了，爸爸又不是铁石心肠，当然只好妥协。接下来，一个称职的妈妈在争取到出游机会后，就是要制订可行的出游攻略了。

第一站，作为适应性外出，我们将出门地点选择比较近的地方，对于1~3个月的宝宝来说，小区周边，其实就是最佳选择。

>>> 行程：[1~3个月的宝宝] → [走出大门，到小区花园玩]

婴儿出门困难多

然而，真的穿戴整齐准备出门了，妈妈们的困扰才真正降临。

宝宝出门困难何其多……

首先，穿多了怕捂着过热，穿少了怕见风着凉。出门本来就不远，带个被子是负担，不带又担心小家伙没个准一会儿睡着了冻着。

其次，小家伙饿了怎么办？出门容易消耗体力，谁知道他吃的那几十毫升奶水能支撑到几时。

此外，春天会不会花粉过敏，夏天会不会被蚊虫叮咬，出门前要做足功课和防护措施，这真的是琐碎又麻烦的事。

还有，一旦出门了，小家伙要哭闹起来妈妈能怎么办？家里可以把屎把尿吃吃喝喝以及玩具逗乐，可是出门在外，手边无一物，哭闹不止可就令人崩溃了。

作为新手妈妈，难免会担心这样那样的问题，但其实，当你多带孩子出去几次后，就会发现，这些问题只要稍加注意，都会迎刃而解。

带婴儿出门困难多，但是辣妈们的办法会更多！

说走就走靠勇气

带过孩子的妈妈都知道，混沌中的孩子最好带，反而越大才越麻烦，3个月以内的小家伙也就吃吃拉拉，别无所求，而且这么小的家伙抱着还不算沉，可谓是“携带方便”。

说走，咱就走，几个原则点掌握好，娃娃的头次出门立刻就能实现了。

原则一：在特定的季节里选择最适合孩子出门的时间，当然，这个时间最好是孩子吃饱喝足睡好后，以保证神采奕奕。平时最适合小宝宝外出的时间段是早上10点左右，太阳温暖，下午4点左右，凉薄尚未抵达之际。

原则二：在外时间不宜过长，尤其是初次出门的宝宝，玩上10~15分钟，浅尝辄止，既是给孩子呼吸新鲜空气，也不至于让妈妈过累，抱着小家伙在小区附近走走，简单易行。随着孩子对外界的熟悉，可以逐渐拉长出门的时间。

原则三：以防出门在外有突发事件，妈妈们都愿意用袋鼠宝贝袋来兜住宝宝的，其实根据出门时间长短，这个也是选择性使用为好，因为它不便于孩子的行动，更适宜于睡眠中的宝宝使用。

原则四：妈妈们要说走就走不要犹豫，最好在家中准备一个“出行包”，但凡要外出，拎包就可以走人，否则每次清理东西都很麻烦，加上要思考各种可能出现的问题，出门的意志很快就被消磨了。因为出门距离不远，所以这个包只要是个可以斜挎在肩膀上的小包即可，必备物品精选几件即可。

原则五：母爱至上的妈妈在一切以孩子优先的基础上，还记得一定要保证自己的体力和精气神，毕竟带孩子玩儿是一件体力活儿。自己体力不支、精神不济都有可能导致孩子发生任何意料之外的事儿。

带宝宝到小区周边儿玩一玩，甚至不需要双休日，只要在某个天气很好，下班较早的下午，就能推上宝宝的手推车，到附近溜达一圈了。

STEP. 2 [行前演习]

3个月的宝宝逐渐接触了小区内部的环境后，妈妈们便可以带宝宝逐渐融入到小区的各种游乐中，比如：看小孩子们玩耍，看便利店门口的电动木马，以及看别人家养的小兔、八哥等动物。

3~6个月的宝宝，在摸索着翻身、坐这样的肢体动作，同时，他们也能更为明确地集中自己的注意力，所以，他们对奔跑的小孩子感兴趣，对摇摆的电动木马有兴趣，也对被放养的猫猫狗狗等小动物感兴趣。

随着宝宝的成长，或者季节趋于平和的时节，小家伙们出门的时间可以渐渐加长了。6个月的小朋友可以尝试每次外出玩上半个小时左右。

区别于3个月大的宝贝只欣赏静态的风景就好，6个月的宝贝们已经开始向往动态的一切。而既然宝宝被带出来玩儿了，妈妈们就不要趁这个时间带宝宝去买菜、逛超市、打电话、跟邻居闲聊了。你别以为怀里只是个不懂事的小婴儿，他可是会对你不理睬他的行为感到生气的。

6个月的宝宝外出，绝对需要一套有始有终的安排，才不愿意浑浑噩噩地放了风就回家。

有一种意识的培养叫作潜移默化，为了培养孩子对事物的逻辑思维意识，外出之前，妈妈们还需要做一次小小的演习。那就是，提前告诉他，你要带他去哪里，去干吗？

你可以这样做——

一边给宝宝穿衣戴帽，一边温柔地告诉他：“我们要出门了哦，去看小哥哥姐姐们踢皮球啦，圆圆的球就像你的小脑袋一样哦！”

或者抱他到窗户边，指向楼下奔跑的小孩，天空飞过的小鸟，对他说：“我们也出去和小朋友和小动物们一起玩儿吧。”

带着这混沌未知，又依稀理解的目的，小宝贝会渐渐明白妈妈的意思。

>>> 行程：{4~6个月的宝宝} → {在小区与人和动物互动}

一发不可收拾

由于半岁左右的宝宝进食时间间隔相对较长，可以胜任半个小时到一个小时的“真空”外出。所谓真空外出，就是在不准备行李，只是带着孩子在家附近玩玩而空手出门的外出。

当然这是最好的情况，没有养成外出习惯的宝宝可能还一时半会很难把控，难题也会在这仅有的半个小时里大爆发，且一发不可收拾。

1. 吃的问题。母乳宝宝受到妈妈的恩宠，没有定时吃饭这件事，而是想吃就要吃。所以，母乳妈妈要外出之前还得考虑考虑自己的装扮，有没有穿好哺乳文胸和层次分明的内衣、毛衣、外套，以便找个隐蔽的地方就能进行安全的户外哺乳。而不哺乳的妈妈们则要看准时间，选择孩子吃饱后出门，饿肚子之前回家，这样就只用带一个喝水的小奶瓶即可，否则就是大包小包了。

2. 拉的问题。小家伙们的共同特征就是：吃得多、拉得多，屁股备受折磨。有的小朋友拉了还能忍着，有的小朋友则是皮肤上容不得半点含糊，大便小便后都要哇哇大哭地报警。

3. 气温的问题。春夏只要穿着得当，带上一条小被子预防睡觉即可，而秋冬时节除了要穿得像只北极熊外，还不要忘记帽子、围巾等。随时都要担心，他是不是太冷、是否流汗了，流汗了不及时擦干宝宝更容易感冒。

4. 睡的问题。很多宝宝迟迟都培养不出良好的睡眠习惯，有时候没玩多大一会儿就睡了，有时候能折腾四五个小时都不睡。于是，有的妈妈才刚带宝宝出门，小家伙就呼呼大睡了；而有的妈妈自己已经累坏了，小家伙还瞪着一双圆溜溜的眼睛到处打探新奇事物。尽管拿捏不好孩子的睡眠习惯，一旦决定要带宝宝出去玩，之前一定保障他良好的睡眠，否则半路因睡眠不足引起大哭闹可就让人筋疲力尽了。

但是，总体而言，6个月的宝宝带出门要比3个月的宝宝更容易些，突然状况更少一些。只要事先给孩子吃喝拉撒睡都打理一番，带到家附近玩玩争取轻装上阵，尽量做到真空出门。毕竟半岁的宝宝体重有所增加，妈妈抱起来会更加吃力，少带点额外的东西在身上，也当是给妈妈减负了。一旦小家伙大便不适、刮风下雨的，及时回家就好了。

出门还得定时定点

一开始带孩子到小区玩耍都是随天气、随兴致而去。后来发现，当孩子越来越大，睡眠越来越少后，一旦将他本该睡觉的时间，或者应该在家吃饭的时间占用，带他出去玩，最后不但不能形成他良好的生物钟，而且玩起来没有意义。

夏天里心情好的时候，牛奶一冲调好就把小家伙抱着到大树下乘凉，结果周围人来人往的氛围打扰着宝宝不能安心进食，最后吃了一半便弃食。所以，不要选在孩子进食的时间带他出门。

冬天的家里总是寒得很，医生又建议多到户外晒太阳帮助钙质吸收，于是好心的妈妈打算趁宝宝睡觉的时间推小家伙到小区里晒太阳。这其实也不好，一来户外吵闹宝宝不容易安眠，二来午睡适宜选择灯光昏暗的环境以保护视力，睡觉时间外出也是不合适的。

妈妈们对待宝宝出玩儿还得有个清晰的思路，将孩子的吃、拉、睡、玩区分开来。既然是要带宝宝去和他的动物朋友们见面，就要给他做一点小小的规划。

一号方案：

宝宝吃了饱饱的一顿后方才入睡，小憩半个小时到一个小时便醒来了，这时候，只要给宝宝来上几口白开水润润喉，妈妈便可以问问小宝贝儿：“嗨，我们出去溜达溜达吧，去邻居姥姥家看望小白兔好吗？”精力旺盛的小家伙玩起来更容易开心。

二号方案：

宝宝若不是吃饱了睡觉的，醒来之后势必肚子饿得咕咕叫，这时候就需要一顿饱餐了，热乎乎的米粉配上些菜泥、肉泥，吃得又香又甜。妈妈不要迫不及待地等孩子一吃完就急着出门哦，吃饱了出门吹风容易积食，而这时候最适宜做的事儿就是——排泄，大便小便排干净，咱就可以穿得美美，出门咯！在给宝宝穿纸尿裤的时候妈妈还可以温柔地告诉他：“今天周末，喷泉会像花儿一样盛开，妈妈这就带你去看。”

这既是妈妈在向孩子诉说今天的行程，更是妈妈在心里给自己拟订一个出门的计划，而不是一出了门儿就忘记是要带宝宝出来玩儿的。此外，最好能形成一种规律，只要天气不错，坚持每天在相同的时间到外面来透透气。既是有助于小朋友形成生活规律，也方便日后出更远的门，小家伙也有良好的适应性。

出门后，目的地清晰，妈妈带着宝宝便直奔小花园而去。宝宝看到小白兔兴奋雀跃。一开始还能受控地坐在妈妈身上远观，随着姥姥喂小白兔的热闹，宝宝再也不能平静，也伸出小手，伸长了脖子要朝小白兔靠近。

握着他的小手让他摸一摸兔子的长毛，告诉他小白兔的眼睛和妈妈眼睛的区别，再指引他看一看小白兔长长的双耳……时间便如流水般度过，眼看出来已经近一个小时，也到了小家伙该进餐的时间了。

这时候要抱他回家，简直比登天还难。

所以，平时带宝宝出来玩儿的时候，妈妈们还要注意一个关键点，那就是：有来有回，定时定点，形成规律。这是为了让宝贝儿产生一种意识：玩儿也有个节律。即使头几次会哭闹，多几次就习惯了，甚至会自己跟小动物SAY BYEBYE。

反之，如果妈妈们任由着孩子一玩再玩，小小宝贝儿说不定就会变成小小“野心家”，不吃不喝不睡玩上一天一夜也不愿意回家了。

STEP. 3 [选址与选人]

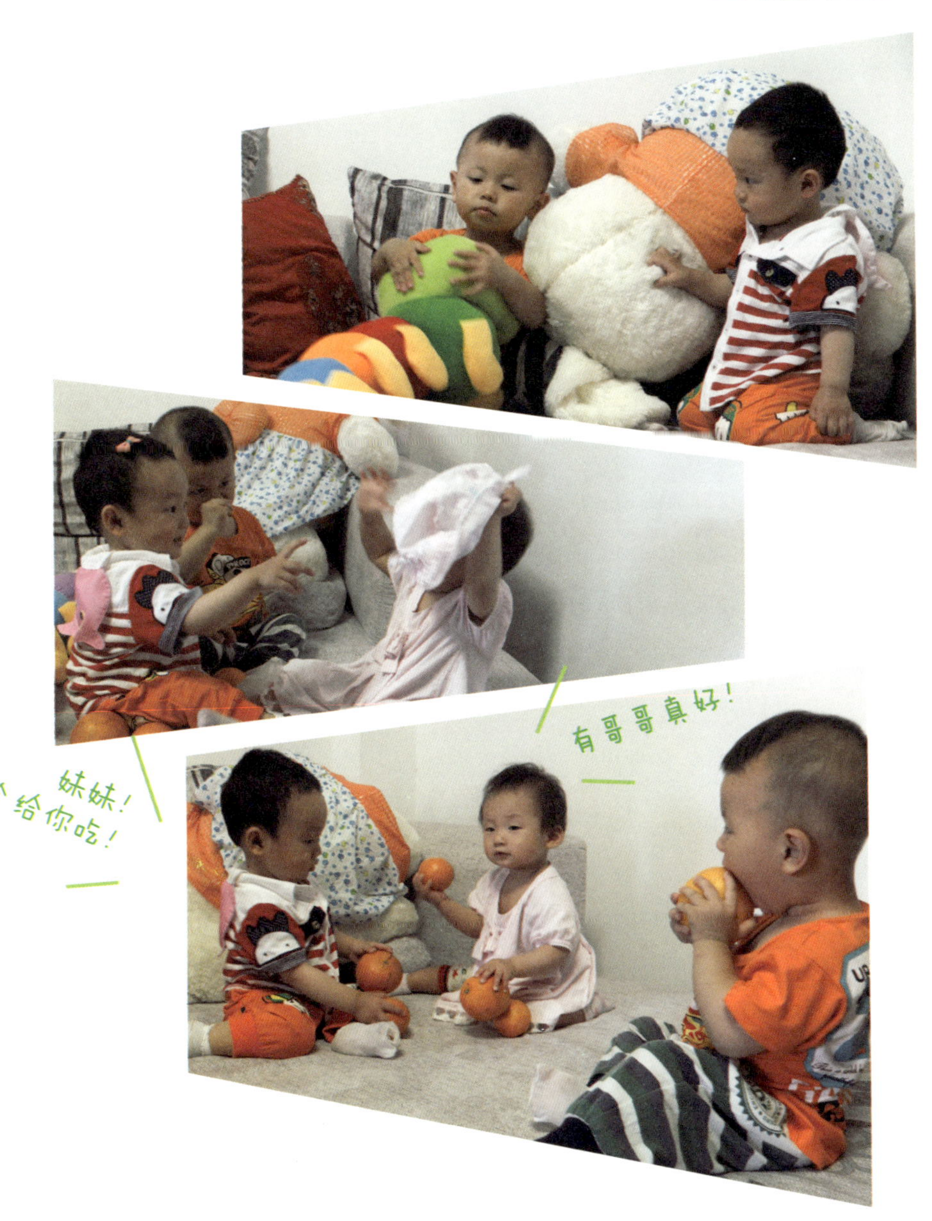

随着宝宝行动力和思维的成长，他们将越来越难被驾驭。

7~10个月的宝宝开始有了稍显强烈的自主意识，他们对于出去玩耍有了更高的要求。

会坐了，他就不喜欢总是被抱着，希望行动自由。

知道外面各种热闹了，就不想待在家里跟不会说话的公仔玩偶玩儿。

甚至于，小区的风景都看腻了，他会指着小朋友聚集的方向，向妈妈发出“指令”。

行走从现在开始，家为圆心，半径有多长，就看小家伙的心有多大了。

>>> 行程：{7~10个月的宝宝} → {参加小型聚会啦}

一人一娃搞不定

从怀孕到生子，为了带孩子，妈妈们都疏于维系自己和闺蜜之间的感情。眼看孩子一天天长大，容易带出门了，于是闺蜜间的聚会也就要提上日程了。

话说人以群分，闺蜜当中那一群孩子年龄接近的几个，便自动凑到了一块，约着一起带宝宝出去玩儿，找个江滩公园或者户外咖啡馆什么的，聚在一起逗逗孩子，聊聊育儿经，两全其美。

然而，一切麻烦都是一出了门就随之而来的，毕竟，一人一娃，真的搞不定。

难题有如下两大方面：

1. 选址问题。人多的地方空气不好，不利于孩子适应环境；空旷的地方，怕风吹雨打无遮拦。最关键的是几个朋友约在一起了，大家都带孩子，很难有谁去体谅谁，只能找个大家都靠近的地方，否则小小外出就变成了出远门儿。综合各方意见，最后还是建议春末初秋可以去江滩，其他季节可以考虑人流相对稀薄的户外咖啡馆，开在干净的马路旁，选择生意清淡的时间，不失为亲子时光与友情时光相交融的好去处。

2. 选人问题。带宝宝约会这是除了约自己的闺蜜外，还约了对方的宝宝，所以，要多考虑一个孩子的问题。首先，对方的宝宝是否健康这十分重要，一个生病的宝宝外出容易加重病情，也有可能造成传染，应尽量规避；其次，妈妈的驾驭能力与孩子的脾气是否能抗衡，否则妈妈带出来了很多事情处理不过来也可能造成一些危险，譬如孩子过分哭闹、调皮，妈妈就暂时不方便独自带孩子外出，需要带个帮手，或者等孩子再大一些再独自带出门。

若要解决以上的问题，可参考如下办法：

1. 妈妈们可以相约到某一个人家中玩，这样既不用避讳天气，也能让孩子们之间有相对温馨的相处环境。

2. 既然一人一娃搞不定，就以家庭形式出游，多个爸爸在身边，宝宝出游的空间就立刻豁然开朗起来。

3. 参加一些机构组织的宝宝爬行比赛或者儿童表演比赛等。带上宝宝去参加，又或者只是去看看去听听，孩子们都会乐翻天。而妈妈除了保证路途上的安全外，几乎不用花心思去创意孩子要怎么玩，省心，放心！

这样玩拼团

基于年轻妈妈们想趁着孩子们聚会的机会也好好聚一把的思路，打着孩子需要聚会从小热络感情的名义，几个初为人母的妈妈组织了一次拼团出游。

在“组团”出游前，妈妈们一早就拟定好一个原则：每个孩子都是我生的，凡事都要顾全大局。这听起来像是一件很严肃的事，其实就是妈妈们不再以照看自己的孩子为己任，而是横向重新分工了。比如：豪豪妈负责孩子们的进食问题，小Q妈负责孩子们便便、换纸尿裤的事宜，而我负责给哭闹的孩子进行全面安抚工作。

这种不以孩子属性，而以工作种类分工的分配方法还是头一次在友人中使用，目的就是为了大家都能专一地对付孩子，挪出思绪来跟闺蜜们叙叙旧。

三个小家伙在家吃饱喝足了出门，一见面，妈妈们就给各自的孩子把了一次尿，然后放到各自的推车里，三人围着一张小桌子，桌子上摆了些摇铃小玩具，妈妈们就开始享受片刻的闲暇时光了。

让孩子陪孩子，是解放妈妈的最好办法，且仅适用于7~10个月大的宝宝，是对交际有了懵懂，尚且不会产生纷争的年龄。

小Q 由于年龄最小，且是母乳宝宝，依赖性较强，率先打破妈妈们的平静，开始出现瘪嘴找妈妈的行为。

在孩子之间，任何事情都是会传染的，为了不让小Q因为饥饿致哭带动“小群众”们的争相效仿，小Q妈条件反射地去抱孩子，豪豪妈半路杀出来，手里摇晃小Q妈早已准备好的母乳瓶，小Q妈及时退出来。

一惊一乍的小Q尽管想要妈妈的怀抱，却还是敌不过母乳的诱惑，把头转过来乖乖吃奶。

没听到孩子的哭闹，小Q妈才渐渐回了心神，跟我一起拿玩具逗孩子们。

就这样，等小Q吃完了，豪豪妈开始给另外两个小朋友喂奶，小Q妈就去给小Q把尿，我则是一身轻松地朝他们摇铃逗乐，或者偶尔奖励给表现好的小家伙一个玩具。

从不习惯到习惯，三个小家伙适应了这个“小团队”。妈妈们也渐渐习惯不仅仅关注自己的孩子，而是如流水作业般处理孩子们的吃喝拉撒，把时间用来聊天。

7~10个月的宝宝，需要有这么一点相对独处的时间，用来处理他们自己的“人际”。而妈妈们聚会的时间也正是他们交流的好时光，在很多妈妈看来，要和闺蜜聚会了当然是把孩子丢在家里给长辈照顾，自己则出去好好玩，殊不知其实带上孩子，也可以让他们好好玩一玩。

这种流水作业带孩子的方式尤其适用于群体中有一两个特别麻烦的宝宝，比如特别喜欢哭闹的宝宝，或者一定要有人陪着抱着离不开人的宝宝，拼团在一起可以减轻自己妈妈的负担，而“别人的妈妈”或许能在逗乐上带给他不一样的感受，也不失为一种好方法哦！

下一次的闺蜜聚会，小家伙不再是负担，而是随性的朋友，他也是出去玩儿的，去和他的那群小朋友们聚会。

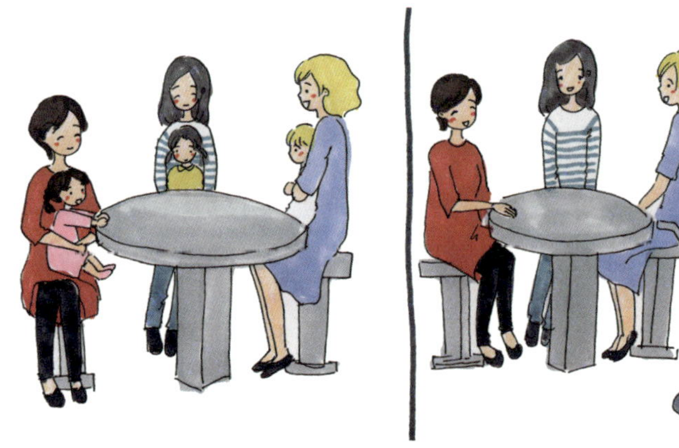

STEP. 4 [备车、备包]

伟大的父亲们直到孩子满10个月，才逐步开始有兴趣参与宝宝的外出游玩事宜。原因很简单，特别在乎交流的父亲对于孩子们混沌未开的状态并不感兴趣。直到小家伙们成长到10个月左右，他们开始咂咂学语，肢体语言、表情语言都丰富起来，爸爸也有了兴趣，申请参加母子们的亲子活动。

当然，让爸爸加入到宝宝的出游队伍之后，宝宝的活动范围与领域顿时就扩大起来。

10~12个月的宝宝们，可以有更多的选择，只要以家为中心，10~15分钟车程为半径画圆，所覆盖的净土皆是宝宝们的好去处。

>>> 行程：{10~12个月的宝宝}→{打包备车市内小草地走一遭}

精华与糟粕实难抉择

爸爸对于孩子的教养是和妈妈有着全然不同的态度的，当他们发现孩子具备一定实力后，便总想着法要去锻炼他们这方面的能力。孩子出生的第10个月，腿部力量有了飞跃性的发展，骨骼发育特别好的小家伙已然可以站立，不足1周岁就能直立行走了。

总之，这个时期，孩子多么需要一片柔软的草地用来练习站立或者走路。一旦外出，择优的选择当属小草地、小树林、小土坡之类，等同于给孩子找一个柔软的操场。

带孩子去到离家相对远的地方，难题也会变着花样来造访，出行攻略也要随之更新。

难题①——自驾出游，孩子的路程安全问题。家里是否给孩子提前备好了安全座椅。而安全座椅在正式投入使用之前，还需要让孩子有一个适应性的过程。否则第一次将他绑在安全座椅上，他一路哭闹，影响父母专心驾驶，也是个大问题。

难题②——无论孩子是否能够胜任“行走”，2岁以内的宝宝外出都还得给孩子备个车，而且车的选择也尤为关键。很多妈妈觉得既然是驾车出门，东西都扔在车上就可以了，推个简易轻便的折叠小推车供宝宝临时休息下即可。实践后才发现，原来大多数的场地都不能把车停在附近，而要停到遥远的停车场里。而宝宝必备的用品还必须随身带着，若推一个能承载宝宝用品的八轮推车，妈妈会轻松许多。反之如果只是推了一台仅能承载小孩的简易车，那一大包东西就得妈妈自己背着了。

难题③——目的地的选择，离家太远，车程太长会让孩子在车上睡着，尤其是快要达到目的地的时候睡着。这时候把他叫醒，再好玩的地方再好看的风景他都没兴趣了吧。所以大草原和小草地相比较，后者更适合这个年龄段的小宝宝，更好的风景留给以后去欣赏吧。

难题④——妈咪袋里要有什么，不要有什么，精华与糟粕之间实难抉择。冲着天气好，什么都想带，吃喝玩乐的工具、用品希望一应俱全，带太多最后发现大部分是鸡肋，包包成为妈妈们精神上的重要负担和体力负担。

除了以上几大难题，还有许多琐碎的小问题，比如：头两天就要注意天气预报，虽然不是什么长途旅行，但是如果头一两天下了雨，草地没干，孩子们去很有可能玩得一身泥。还要提前准备至少一餐干粮、穿什么样的鞋子适合行走初学者……各种小问题需要考虑好。

装满秘密的妈咪袋

出门没经验势必要遭遇以上的问题，而在问题之后勇于总结经验，终于乌云散去，我们迎来了一家三口的阳光出游。

时间：阳春三月里的某个周六 10:00AM

地点：距家10分钟车程的一个微型园林，有一片肥沃的小草地

人物：一家三口

行李：安全座椅固定在车后座，带一把手推车，一只大的妈咪袋以及一个随身小挎包即可。

※※※※※※※※ 妈咪袋秘密 ※※※※※※※※

1. 平时生物钟的调整很重要，小家伙一日三餐主食两餐水果一次小点安排妥当，所以10~12点的外出时间里几乎可以不用带主食。在家吃了早餐出门，妈咪袋里只用装一小袋饼干和几颗葡萄、几颗圣女小番茄之类的小水果即可。（重量不超过250g）

2. 一只500ml的保温瓶必须有，无论是冬天还是夏天，奶源可以人肉携带，水源还务必得另外备着，夏天的时候则要额外准备一个玻璃小奶瓶用来凉开水。（重量2000g左右）

3. 湿纸巾若干、纸巾、卷筒纸各备少许，饭兜一个，吃水果的时候用来防护。（重量50g以内）

4. 玩具一枚，为了“减负”可以带些气球皮到了目的地吹成气球，也可以带遥控小汽车、小飞机之类的电动玩具结合场地给孩子表演。

5. 建议10个月以上的宝宝培养出大小便预警方式来，或者妈妈更细心些及时把住宝宝的尿。这样出门就可以省事很多不需要带纸尿裤，但是也要备上1~2条裤子，以备不时之需。（重量在200g左右）

6. 带上一条小毛毯，当然它可以只是放在车上，当孩子小憩的时候盖一盖。

7. 鉴于目的地不一定有水源，不妨在车的后备箱里备上一箱矿泉水，既可以用来喝也可以用来给吃干粮水果的小家伙们临时洗洗手。备一瓶在妈咪袋里。（重量在300g左右）

8. 夏天要带上驱蚊产品和小扇子，冬天则要戴上手套围巾，晴雨伞遮太阳，冬雨伞挡风，这些零碎的小东西也都被寄养在妈咪

袋里。（重量约在300g左右）

这样合计下来，妈咪袋也才不过3公斤左右，还能算是轻松出行。

而如果宝宝年龄更小一些，妈咪袋里的纸尿裤就要至少多放两到三个。此外，奶瓶也要加入行列，更重要的是，妈咪袋里还得额外装上一个巨大的爬爬垫。

※※※※※※※※ 小挎包的秘密 ※※※※※※※※

妈咪袋就像一个随身行动的小仓库，而宝宝在车上、在玩的过程中使用频率最高的东西可以单独放到妈妈随身斜挎的小包里。

包括有：安抚奶嘴，100ml左右的吸管杯，纸巾、钥匙、手机、创可贴等。

一切准备妥当，我们顶着春天里最明媚的阳光，哼着小曲儿，一路来到了靠湖的一片小绿地上。我想象着小家伙第一眼见到"一眼望不到边际的大草原"会有多兴奋，然而事实并非如此，他瞪大了眼睛对周遭充满了戒备。

对于陌生的环境，孩子与成年人的区别是，后者有经验于是有向往，而前者因为无经验而滋生恐惧。

不过，孩子的适应力也是浑然天成的，当他看到爸爸带头在草地上打了个滚之后，他很快就把草地当成了自己的床，趴着、坐着、跪坐着、爬行……

我摘一根小草放到鼻子前面嗅一嗅，他也学着要去摘，但是心有余而力不足，遂而趴到草丛上，伸出小小的舌头，去舔舐。

爸爸用学步带拉住宝宝，我在前面奔跑，他便在后面追逐，这是不需要教孩子就会的天性，他们在追逐中变得开心、愉悦、尽兴、消耗能量，然后吃得香睡得好。

一只小狗在此时窜入，我正好可以稍事休息，狗狗给宝宝带来的吸引力也是巨大的。他们撒娇似的吠叫，或者摇尾乞怜的憨态，以及甩起两只毛耳朵奔跑的样子，都是孩子们喜爱的场景。宝宝们乐于跟小动物们做朋友。

这一场户外的嬉戏眨眼便过了一个小时，跑跑闹闹后小家伙的胃口也特别好，喝些白开水，吃点小饼干还无法满足，他的小嘴开始寻找奶源……也是时候打道回府了。

让游玩结束在意犹未尽的状态，小家伙会对下一次的外出游玩，充满期盼，这样多好！

STEP. 5 [城市公园出游攻略]

去小草地玩耍的那会儿，因为还不擅长走路，所以趴在一块大石头上都能兴奋好久，摸索石头的各个棱角也是一种乐趣。然而，一旦会走路后，这些乐趣立马变成了小儿科，别说一块大石头，就是一个百宝箱都不能满足宝宝的需求。因为，他要——行走。

尽管步伐还是在踉跄之间，至少行走的能力提升了，追求也要有所进步。为了满足宝贝的愿望，我们计划着在他生日那一天带他去公园玩一玩。

其实公园并不远，距离家也就二十来分钟的车程，但是一直都不急于带他去各地玩耍。1岁之内尽量安排在家周边玩耍，主要也是因为让孩子逐步感受外界，这样不至于会让他很快厌倦周围的风景而增加带他的难度，也可以让他渐渐感知外面的世界，随着他的成长与接受能力来体会这种感觉。

>>> 行程：{1岁左右的宝宝} → {城市公园任你玩}

当兴奋遇上疲倦

从小草地跨到城市公园对于孩子来说还真的是质与量的双重飞跃。

玩的地盘更大了，相对的，玩的时间也就越长了，同时更大的地盘容纳了更多的设施，小家伙一下子要接受的新事物也就更多了。这对孩子的体力无疑是一种挑战。

所以，带宝宝到城市公园玩最大的难题就是——兴奋的小脑袋遭遇疲倦瞌睡神的惊扰。

睡意是渐渐袭来的，基本上出来两个小时左右，他就开始有了躁郁的表现。喝水喝两口就推开，水果咬一口就吐掉，问他要不要睡觉，他看着人家的风筝拼命要。眼皮儿已经开始打架，还是追着要坐湖里的小船。一家人买了船票上了船，小家伙的困意似乎瞬间又散去，要从船里拨弄湖水，自己够不着，吩咐爸爸妈妈拨弄，他看着也高兴。

但是摇晃的船身以及暖洋洋的太阳洒下来，他的睡意终于以更汹涌的姿态扑面而来，眼睛已经睁不开了……去抱他，他还是猛地睁开眼，哭闹着，嘟囔着："不睡，玩水，玩水！"

当兴奋遇上疲倦，小家伙便自然流露出这种深陷游乐场所无法自拔的样子了。欲罢不能，他的行为不受身体所控制，妈妈手腕不高超一点，真是搞不定！

巧用坑蒙拐骗

不让孩子在兴奋与疲倦间两难，我们就要安排好整个城市公园的出游攻略。

首先，城市公园的设施包括：游乐设施区，主营各种机械游乐设备，如过山车、碰碰车、激流勇进等；风景推广区，有音乐喷泉，有园艺美景，有草地，孩子们放风筝，踢小皮球，野餐等；以及湖光山色区，有山有湖，水里划着船，“山”上有情人们恋爱，老人们喝茶喂鸟说书。

综合考察了各方环境后，我们给孩子列出的行程安排如下：

1. 先到游乐区，这里有比小区更豪华的各种形状滑梯，爸爸把他放上去，他紧张地、畏首畏尾地滑下来，被妈妈接住后又转忧虑为兴奋，跃跃欲试下一把。

总之，游乐区是妈妈们所想象的孩子最爱的场地，但其实对于1岁左右的宝宝来说，充其量也就是滑滑梯最好玩，其他的器械还暂时驾驭不了，望梅止渴不如从一而终在滑滑梯上。一玩可以玩上半个小时不想走，小家伙不累，我们已经累得腰酸背疼。

【拐】当宝宝沉溺于滑梯而不肯离开的状况发生，如果一再纵容很有可能让我们整天都泡汤在滑梯上了，我不得不使出妙计——将他一把抱起来“拐走”。

【蒙】届时，用一只手蒙住他的眼睛，跟他说：“走，妈妈带你去玩更有趣的东西。”爸爸推着车连忙随行，被我带到摩天轮处，小家伙本小吵小闹的声音随着摩天轮的惊鸿一瞥才立马安静下来。

2. 风景区是我们的栖息之地，铺上宝宝的爬爬垫，一家人坐在上面吃吃干粮，拍拍照，小家伙却不得安分，兴奋地到处跑，一会儿喷泉来了，手舞足蹈，一会儿看上别人的风筝，想要据为己有，一会儿又对植物扎成的吉祥物深感兴趣。

有爸爸带出来就是不一样，可以和妈妈分摊这个体力活，我偶尔能坐在垫子上吃点小吃，远远望着爸爸带着小“猴子”上蹿下跳。1岁的宝宝在草地上摇摆前进，在阳光中追逐肥皂泡的样子，如此看来真是可爱至极。

【坑】然而1岁的小宝宝也有太多不懂事的地方，譬如别人是吹泡泡，他尚不理解所谓的“吹”，而打算去“吃”……我不得不在千钧一发之际使出绝招——“吃了泡泡会流血的哦”。他不怕疼，不怕“死”，所有伤害中他最害怕流血，与其用精神上的大灰狼吓唬他，我选择用肉体出血的可能来坑一坑他，他这才罢手让爸爸来吹，他只是追着玩就好。

3. 若还有一丝雅兴，是打算一家三口踏上一叶轻舟，跟宝宝一起读读儿歌，念念诗的。可惜事与愿违，小家伙已经在前两场的实战中耗费了太多的力气，以至于此刻只想安静地窝在妈妈身上小憩一会儿，却又不愿意错过任何有意思的事情，于是在兴奋与疲倦之间痛苦地挣扎。

睡眼蒙眬之际，小家伙还显露出动物的“趋光性”来。竟然一直盯着水里的太阳，眼睛睁睁闭闭，越是叮嘱他回避，他越是觉得那是一个有意思的东西。

【骗】我假装不在乎宝宝地和爸爸聊起天来：“爸爸，你看太阳掉到水里了，怎么办？”爸爸说：“我们把它捡起来挂到天上去吧。”说时做了一个水中捞的动作，我则顺势将船身一调转，背对太阳，爸爸十分配合地将“太阳捡起来，挂到天上去了”。宝宝看到水里没有太阳了，终于乐呵呵地笑了，也就安心地安心地……闭上了惺忪的双眼。

彼时，船上进入二人世界，好安逸，好浪漫，谁说带宝宝影响了二人世界？在这个怀抱小孩倚靠老公肩头的时刻，只有三个人，才是最圆满的组合不是吗？

PART 2
基础篇：热身市内游

【宝言宝语】

听外婆说，除了窗台上的茉莉花，还有很多很鲜艳的花朵我没有见过。

听外公说，除了小猫小狗，还有很多很可爱的动物我没有看到。

妈妈，我长大了，我会走路了，我可以不要你抱了，你能带我去见见它们吗？

《三只小猪》里的猪和狼都是什么样子的呢？想吃小猪的狼和想吃喜洋洋的狼是同一只吗？

《花仙子》里的蔷薇和杜鹃到底有多漂亮？它们有香味儿吗？闻起来，和牛奶一样香甜吗？

妈妈，你不上班的时候，带我出去玩儿看小动物和花花吧，太阳升起的时候就出门，太阳落山了再回家，嘻嘻……

好希望，每天都是周末，妈妈每天都可以陪我。

……

外面会有什么呢！

[宝有多大，我们就能走多远]

宝宝成长到1岁后，个体差异会越来越明显，有的仍旧蹒跚学步，有的已经健步如飞；有的还必须片刻不离纸尿裤，有的会提前警报或者自己到坐便器上解决；有的能用零碎的语言表达很多的意思，有的还完全开不了口。

要带宝宝出去玩，去哪里玩，怎么玩，这还不能根据年龄统分，而是根据宝宝的表现来为他制订更合理的外出计划。

首先，要决定本次外出时间，是1个小时的短暂玩耍还是长达一天的游玩，确定好了之后才能开始着手准备食物和行李。

宝宝外出时间参考表

宝宝语言能力	宝宝的行为能力	外出时间推荐
单字水平，几乎停留在简单称呼不大讲话的阶段	能站，能走上十步左右	3个小时以内
能胜任四个字以内的短语水平	完全自如，自己行走	半天
能说短句子，无论清晰度如何，跟家人交流没问题即可	小跑小跳，独自玩耍能达到1～2个小时	一天

当宝宝的语言能力和行为能力与上表有所误差的时候，宜以宝宝发展较差的能力作为外出时间评判依据。因为，无论是语言表达稍欠还是行为能力稍欠，都会直接影响宝宝玩耍的质量。

同样是1岁半的两个娃，一起起床，一起出门玩耍，最后有可能A还在兴高采烈地到处探索发现，B已经被暖洋洋的太阳晒得要昏昏欲睡了。其中虽然一方面有性格使然，可是等B再大一些，语言能力和肢体行为能力都再强悍一些后，妈妈会发现，他能玩的时间也会更久了。

如果宝宝玩2个小时就累了，却事先安排了半天的行程，那么后面的2个小时可能就成为孩子的负担，爸爸须把肩膀贡献出来给人家当床啦。所以，能带孩子去到多远的地方玩，不由父母做主，还得看孩子的体力最久能支撑多久。

当然，如果父母有意培养宝宝拉长活动时间，可以循序渐进地去培养，这一周玩上2个小时，下周玩上2个半小时，逐步延伸活动时间。同时，在这个时间过程中父母的调动也非常重要，一开始不要急于让宝宝从静态顿时进入狂欢状态，待他一步步去适应；而到尾声宝宝表现出困意的时候，也不要执意让他去玩刺激的项目，引导他从事一些相对静态的游戏，譬如观察草地里的小蚯蚓之类……也能相对延长宝宝的活动时间。

生物钟紊乱

可是，就有这么一种情况会在玩儿的过程中发生，且频率不低。

为了第二天早起床带宝宝去近郊玩玩，于是头一天晚上睡得特别早，平时11点才能入眠的宝宝这天在妈妈的左哄右骗下，终于提前2个小时就睡下了。

第二天一早，小家伙的确比平时早起了2个小时，7点不到就睁开眼睛在床上叫妈妈，一家人拿了干粮风风火火地出发了。殊不知才玩不到两个小时，小家伙的困意就袭来，既不是平时午睡的时间，也看不出孩子有哪里不舒服，他就是一直要妈妈抱，小嘴巴嘟囔着：“走不动了。”一双眼睛惺忪地看着周遭了无新意的一切，好像随时准备睡去。

这个时候宝宝是真的困了吗？

其实，是因为长期以来形成的习惯在头一天忽然被改变了，而引起的生物钟紊乱现象。此时，宝宝的疲倦只是假性的，提前两个小时起床后他能感觉到周遭微妙的变化，包括天气和出行的这个氛围，所以一开始会很兴奋。然而长途的车程以及近郊区里毫无提起他兴趣的玩物存在，随着时间的推移，他也就因为“无聊”而“困倦”了。

如果车程还长，或者暂时没有什么活动安排，那就让宝宝小憩一下。如果马上就要到小河边看鱼儿游了，不妨小声唤醒宝宝。

“宝宝，你看这里的鱼儿又大又漂亮，游来游去好快乐啊，和我们家里喂的小金鱼不一样哦，你要不要来抓鱼玩儿啊？”

一点一点唤醒宝宝对鱼儿的喜爱，他的精气神儿也就慢慢回归了。

可是，你别以为他欢乐起来问题就解决了，宝宝的生物钟一旦紊乱后，即使被短暂性地拉回来，也有可能随时又偏离轨道。比如他也不知道自己为什么玩着玩着就想哭，平时活蹦乱跳的小家伙就是不想走路要人抱，平时最喜欢的零食今天吃两口就要扔掉……这统统都是生物钟被打乱的后遗症。

带宝宝出行，最好能有一个比较好的前后调整期，尤其是时间较长的外出。而且有时候甚至于在过程中让他稍微休息一阵子，也不要为了更换他的兴奋时间点儿临时扰乱他的生物钟，毕竟这是长期养成的生活习惯。

尤其是对于适应力较差的宝宝，需要提前几天调整、过渡，否则这将是宝宝外出最大也是最麻烦的难题。

睡得好才能玩得好

为了不让半路犯困成为孩子玩耍的拦路虎，有必要拟订一份出行睡眠计划。

且看几次实践经验：

NO.1 冬天 午饭后外出玩耍 计划晚上6点前回家吃饭

宝宝表现：早上9点起床，刷牙洗脸后吃一顿饱饱的早餐，中午12点随着爸爸妈妈的午餐再吃一点饭菜，出门后在车上几乎要睡着，到达目的地下来重新苏醒，意兴阑珊地玩耍了一阵子，挨到下午3点终于困意太浓重，倒在妈妈怀里哭哭闹闹了几句就睡着了，过程中还不断翻身，伴随哭闹几声。

NO.2 夏天 早上7点起床，8点出门计划11点回家吃饭

宝宝表现：夏天宝宝起床时间较早，8点趁着太阳没出来就出门去玩，但是玩沙对孩子来说太具有诱惑力，无论玩多久都不愿意回家。但是很明显，从10点开始，小家伙情绪急躁，容易和小朋友产生纠纷，争抢。11点威逼利诱着终于回家了，还是在车上睡着了，除了10点左右吃一点小零食和小水果，睡眠让他错过了午餐。

NO.3 春天 午觉从下午2点睡到4点起床，7点出门计划9点回家

宝宝表现：2个小时的午觉给了宝宝充足的体力，7点正好是宝宝消耗

晚餐的最佳时间，带他出去踢踢球，身体各项机能都得到了锻炼，小家伙也神采奕奕。晚一点的时候，带他到有休息区的便利店喝点奶，休息休息，准备走回家，刚好9点到家，洗一洗，迎来最好的入眠时间。玩累的小家伙几乎不需要父母怎么哄就能睡得香香甜甜。

很明显，孩子上一次觉睡得好，能给下一次的活动带来充沛的体力和智慧。而这一次玩得太久，很可能让神经停留在兴奋之中难以进入睡眠的状态，而一再于梦中惊哭。反之，如果在一定的活动时间中，玩得尽兴，且缓急过渡恰当，也是对下一次睡眠有助益的。

睡眠安排时间表

我要玩多久	怎么玩	怎么睡
1~3个小时	睡了起来就玩，玩的过程中吃小点心和水果补充体力	睡前半小时结束玩乐，开始讲故事，帮助营造睡眠环境
3~5个小时	吃饱后开始玩，3个小时左右可以离开玩的地方，帮助宝宝休息半个小时，醒来吃干粮后继续玩	过程中小憩一阵子，只要离开玩的环境，之前玩的几个小时会增加宝宝的困意和疲惫，容易入眠
5个小时以上	时间一分为二，前半段在早上或者下午，以激烈、兴奋游戏玩耍为主，后半段在下午或者傍晚，以和缓、平静智力玩耍为主	中途让孩子睡上一个安稳而舒服的午觉，大约在1~1.5个小时

每一次睡都是为了恢复上一次玩耍消耗的体力，也是为下一次玩耍做储备。所以宝宝一定要睡得香甜且时间足够长，才能玩得欢愉，动得了脑也用得上手，激发孩子的智慧。

STEP. 2 [备干粮、备包]

想到我们自己小时候要出去春游秋游时，总会在头一天就兴奋异常着手准备干粮，现在，则是要给亲爱的宝宝们准备口粮了。

口粮最重要的就是要符合孩子的喜好，平时他喜欢吃的，要选方便带的带上；平时他不喜欢的，总要追着跑着才能喂他吃下的，想带还得换着法子带，少带。可不排除在外面玩耍的时候和小朋友们在一起，大家你吃我的，我吃你的，那些不喜欢的食物也能吃出新鲜的味道来。

有些妈妈抱着“放养”的思想，认为孩子牙齿都长全了，自己能吃什么，孩子就能吃什么，不用特别准备。但是人在外，事情有所不可控，带着以防宝宝不适应、挑食或者情绪不安等，也更为省心些，只是前期妈妈费些力罢了。

孩子吃的东西量不用太大，但是品种多多益善，吃各种各样的东西会让他们的心情变得更加快乐。

看大象的时候，吃大象饼干；看猴子的时候，和猴子一起分享坚果；

看花花草草的时候，来一颗草莓或者葡萄……想想看吧，这一定是比看什么都只能抱着水喝要幸福百倍。（但是需要尤其注意食物的混杂得当，以容易消化的食物为先，有时候我们准备纷繁的种类只是为了给宝宝多一个选择，而不是样样都要吃到，以防引起宝宝肠胃不适）

食物清单

食品种类	数量	备注说明
符合宝宝食量的奶粉	2份	满足奶瘾，救急用等
手指饼干/磨牙饼干	1盒	乳磨牙尚没有长出的宝宝应多带一份，果腹
有营养的坚果食物	1小袋	营养、能量补充
溶豆类不含糖的微甜小零食	1袋	开胃
水果至少两种	各1份	补充水分和营养，解渴
小面包、鸡蛋	若干	早餐或者午餐用
小馒头（饼干）	若干	喂食小动物

额外，务必不能忘记的是，要考察玩的地方有没有方便的热水，有没有食物出售。若没有，妈妈们可别都把自己当铁人了，带足了孩子的食物却没有带自己的食物，最后饥肠辘辘，恨不得解皮带吃。

除了备下宝宝的口粮外，妈咪袋这次的责任将更加重大，在从前的基础上，还需要加上一些新的东西。

新增物品集

①一套内衣，一套外衣

内衣有可能因为大小便弄脏，外衣可能因为吃喝弄脏，最麻烦的是小家伙们喝水不老实，可能让衣服从外湿到内。

②一张干毛巾

最好厚实一些，宝宝流汗的时候可当隔汗巾使用，跌倒摔跤到泥水里，可以当抹布使用。

③折叠小凳子

根据出行地点来决定，有时候宝宝的爬行垫更适合，有些地方设施齐备，又什么都不需要也有可能，根据实际状况来定。

④宝宝睡觉最喜欢的娃娃或者小枕头

一整天的时间里，难免要让孩子在外面睡个午觉，特别是认床的宝宝。在吵闹的环境里难以入眠，而他平时最熟悉的睡觉陪伴物能给他莫大的安慰，若方便，可以带着。

虽说外出玩要要轻装上阵，但是为了宝宝在过程中少生事端，带上这些物品或许会让孩子有个更轻松惬意的出行记忆。

当然，所有的条件都不要在有需要的时候立即拿出来，尽量能够在一次一次的经验中将行李抽离，以待有朝一日，能手拍巴掌地就出门了。

通过条件的渐渐简陋来锻炼孩子的适应能力，绝对有必要！

舌尖上的苦恼

有一次带宝宝出门，尽管已经为他准备了他最心仪的柳橙和牛奶面包，还是没能省去宝贝儿舌尖上的烦恼。

不知是饿了还是看到其他小朋友吃东西眼睛饿了，他指着小嘴巴哇啦哇啦叫，我问："宝宝是想吃东东吗？"他立马点点头。

可是，无论递给他什么食物，他都摆手，盯着我的包包等待我继续拿出好吃的东西。随着失望越来越深，他终于号啕大哭起来。

语言能力有限，实在无法表达心意，四周找着什么，也未果。

我只好抽丝剥茧，将他的小动作串联一气，摸出他的心事——原来，从我们身边路过的一拨渐行渐远的人群中，有几个孩子手里都举着一团棉花糖，红色、黄色、绿色五彩缤纷，看起来就像童话书上好看的云朵朵。我猜，宝宝是看上了棉花糖。

正好迎面走来一个小朋友，嘟起小嘴巴在棉花团上咬了一口。我转身让宝宝面对她，果然，小家伙伸长了脖子就要向人家的棉花糖扑过去。

想象自己小时候对于棉花糖的喜爱，实在不忍心用甜食不适合宝宝这种理论来约束自己，而是飞奔向棉花糖小摊，十块钱换两支，一支纯白色，一支粉红色。

拿到宝宝面前，他喜出望外，不是伸手欲拿，而是张嘴欲吃。

尝一口，甜甜的，接着欲罢不能……

即便我帮着他吃了白色的，拿着粉红色的当道具玩，到最后他依然不愿意再碰其他食物分毫。

孩子贪新，贪奇，贪趣，是天性，却也成为妈妈们的大难题。

总结如下：

A. 对自己的食物不闻不看，一心想吃其他孩子的食物，而妈妈又无法当下买到，遂大哭；

B. 看到爸爸妈妈吃东西，嘴馋，却因为太辣，或者作料太刺激，实在没法吃，遂大闹；

C. 拼了命地玩耍，消耗体力过猛，玩的时候没空吃，空下来就想睡又没欲望吃，玩是尽兴了，却也伤身了。

如何把辅食变成干粮

鉴于孩子们的饮食胃口会随环境有所变化，而好食物能给孩子带来好心情，在出去玩之前，妈妈们能把孩子平时在家里吃到腻烦的小早餐/午餐做得别出心裁，他们或许就买妈妈这个账了！

魔法一、巧带肉泥与菜泥

针对牙齿不齐的宝宝，为了让他们摄取充足而均衡的营养，肉泥和菜泥是他们的重要营养来源。外出若想带上它们，有两种办法：冬天食物不容易变质，可以直接将肉泥菜泥做好后，用白土司夹起来，再用真空保鲜盒装好，开盖即食很方便。而夏天因为担心食物变质，此法不可取，则可用密封的玻璃小罐子将肉泥菜泥装好，待吃的时候再涂抹到土司上或者用手指饼干蘸着吃都可以。宝宝会觉得干吃它们要比在家千篇一律地吃粥吃面更有意思。

魔法二、菜粉变饼干

巧手的妈妈们挖空心思来让宝宝爱上辅食，也会在出游的头一天将蔬菜榨汁，制成五颜六色、形态万千的饼干，第二天携带起来更卫生更方便，特别适合爱吃饼干的宝宝们。

魔法三、浓缩的才是精华

平时在家里吃顿饭要吃个把小时的宝宝们，外出很难有条件追着喊着喂饭，这样的话，妈妈适宜于给宝宝做一些压缩食物。譬如磨一些米粉和蔬果肉等搭配起来做成米糕、饭团等，形状特异，口感特别，也能吸引宝宝对于食物的向往。

以上几种方法里，最能对付我们家宝宝的就是第三种，每次吃米糕，第一口都会把嘴巴张到最大，因为我们在玩一个“你知道里面是什么馅儿”的游戏，他便总想第一口就咬到有馅儿的地方，如果第一口吃不到，便会赶紧吞了再吃第二口、第三口，直到看见馅儿。

边玩儿边吃，一不小心宝宝就可能吃了太多太杂的食物，妈妈们同时还要关注宝宝会不会肠胃受不了，尤其是冷饮冷食容易给宝宝肠胃带来负担。所以宝宝的食物最好用保温盒装起来，亦保证随时有热水饮用。零食可吃，但要量少，浅尝辄止。

STEP. 3 [安全最大事]

除了吃喝拉撒睡的问题外，妈妈们带宝宝出门最为担心的当属安全隐患。在保证宝宝安全性下，妈妈们却容易忽视自己的安全问题，殊不知自己才是保障宝宝安全的最重要环节。

有以下症状的妈妈不适宜带宝宝出门玩耍：

A. 头疼脑热，感冒的妈妈

B. 腰酸背疼，大姨妈症状严重的妈妈

C. 工作麻烦导致情绪不佳的妈妈

D. 偶有腿脚抽筋症状的妈妈

此外，有其他病症的妈妈也是不适宜单独带宝宝出游的。要知道当宝宝的依靠人只有你一个人的时候，你的情绪和身体状况随时可能给宝宝带来危险。

当你抱着宝宝的时候，脚踩西瓜皮最后很可能是两败俱伤，要保证宝宝的安全，首先妈妈们还要自查，不要太自信，以免日后自责。

牵涉到宝宝人身安全的，则包括以下几个方面：

①交通安全。乱跑乱撞容易出交通事故，带着一个会走路的宝宝，妈妈们恨不得牵根绳子。

②前面提到过的食物安全。首先要做到自备食物干净，且保存得当没

有变质；其次是当街购买的食物要选择相对卫生的。

③人身安全。小家伙喜欢到处跑，这里摸那里摸，妈妈们要防范宝宝摸到带电的物体或者会咬人的小猫小狗；小家伙们还有可能误以为是草地而跌进那种水面上全是浮萍的内湖中；最最令人担心的还是稍微离开视线就被坏叔叔给拐走，尤其是在节假日去到人山人海的地方，存有如此隐患。

所以，妈妈们要寸步不离地跟着孩子，最好能父母一起带宝宝出游，做好协防，也不至于手忙脚乱，顾此失彼。附带两个自查表，带宝宝出门的妈妈们还须牢记于心。

附1　安全法则牢记于心

◇眼睛看得到，安全才可靠

◇人多不去凑热闹

◇小摊贩的三无食物，不吃也不要

附2　危险地段警戒线

◇没有井盖的下水道周边

◇道路、房屋施工的现场

◇河边、池塘边，凡是坡度高或者有青苔容易打滑的水池

◇尖锐物周边，孩子步履不稳容易跌倒被尖锐物品刺伤眼睛、皮肤等

◇如遇下雨，不要到树下、金属建筑物周边避雨，以免遭雷击中

安全防范够不够

俗话说，孩子1岁半，摸坛又摸罐。1岁多的宝宝，刚刚学会走路，终于能改善他们从前对很多有兴趣的事物却力不从心的状况。现在他们一定要物尽其用地放肆个够，凡事都要自己来，天不怕地不怕，妈妈们要费上不少的心了，永远有你防范得尚且不够的难题存在。

首先，会有一段日子，妈妈们忍不住要落入俗套地对宝宝进行这样的评价——走都没学会就要学跑。宝宝不但想要跑，还想要驾驭“上楼梯”这件事，并且，不要妈妈扶！甚至于，他们一看到公园里有台阶，就忍不住要冲上去试试看。

妈妈一旦伸出援手，不止不会被接纳，说不定还会引起孩子的不满，呜呜哇哇哭一通。这时候，与其去阻止他，不如站在宝宝身后准备随时保护他，并鼓励他，指导他：“好的，宝宝放慢脚步，把脚抬高，站稳了再上另一只脚。”当他一个踉跄快要跌倒的时候，稍微扶一把，最后还是让他顺势倒下去，尝尝这苦头。

其次，出门、回家、到餐厅就餐等都免不了要进出电梯，无论是升降电梯还是手扶梯，都是能让孩子们欢欣雀跃的事物。前者容易夹到宝宝，后者容易跌倒夹到脚，尤其是在商场里，妈妈一个马虎，小家伙看到电梯就冲过去了，就可能造成危险。

而且，一回生二回熟，当宝宝尝试过手扶梯后，就会把它当作游乐设施，坐了还要坐。建议2岁以内宝宝的妈妈们还是在一开始的时候就不要让

他去尝试，而是抱着宝宝乘坐，商场人多，宝宝反应、动作都相对较慢，暂不适宜去体验。至于升降电梯，可以让宝宝自己走进去，妈妈只要事先把手放在电梯门框处，待宝宝先进入即可。

此外，宝宝出游的交通工具选择，也都存在安全隐患，须一一注意。

交通工具A——自行车

常见于带宝宝去附近的母婴店、游泳店或者超市什么的，路程不远，公汽又不方便，要带1岁半左右的宝宝出行，选择自行车似乎不错。但是要注意把关宝宝的座椅质量，安全性能高为最重要考量因素，同时，座椅的各种螺丝要安装牢固，每用一段时间还要检查一次。当宝宝坐在椅子上后，妈妈还要记得系上安全带，把他的脚固定在踏板上，骑行过程中不时嘱咐宝宝要抓紧座椅把手。另外，妈妈的骑车技术也是宝宝安全的根本保障，速度不要过快，尽量稳健一些，遇到迎面而来的车辆，要避开较大的车距，以防擦撞到宝宝。

交通工具B——公汽

而对于距离稍远的外出，普通家庭选择公汽的概率还是非常大的。而公车厢内是事故发生频率较高的地方，要防患于未然，妈妈们还要在细节上尤为注意。

①上下车谨防被门夹上，一定要遵守规则从前门上，也就是从司机眼皮子底下上车，不容易被夹到。

②上车后要及时告诉司机怀抱有小孩，起步缓和一些，或者等你坐定了再起步。

③公车上没有安全带，妈妈一方面要抱紧宝宝，另一方面也要敦促宝宝抓紧扶手，不要离开座位走动跑动。妈妈可以讲一点小故事或者沿途的风景给宝宝，以吸引他的注意力。

交通工具C——私家车

条件好一些的家庭能有私家车出游，安全系数会相对高一些，当然也是在父母驾驶技术优秀的基础上。务必要给孩子配备专门的安全座椅，固定在驾驶室后方，同时，妈妈要陪伴在侧。需要注意的点是：

①车速不要过快，以免急刹。

②关车门车窗的时候注意宝宝的手脚胳膊和头是否伸到窗外。

③启动前确认宝宝那一侧的车门和车窗是否关上，车窗尽量不要摇下，防止宝宝吹风着凉。

交通工具除了坐在上面会有安全隐患外，只是路过它们也有另外的安全隐患。譬如汽车尾气含有铅，宝宝的身高直接导致他所存在的高度是铅浓度最高的区域，还记得怀孕的时候妈妈们要检查体内铅含量吧，铅被宝宝吸入，是会带来极大损伤的。避免宝宝吸入汽车尾气，妈妈应当及时抱起宝宝，或者临时避一避。

最后，孩子在外，不得不担心走丢的问题，以防万一，可以在宝宝手臂上或者脖子上戴一张资料卡片，注明家长联系方式。当然这是不得已的做法，妈妈作为宝宝最依赖的人，一定要对孩子倾入最多的关注，宁可累一点，也不能疏忽一点。

辣爸辣妈家庭演习

孩子的想象力是超级丰富的，记忆力也是尤其敏锐的，所以，你不要以为这些安全防范措施教不会他，完全可以在出行之前和宝宝一起在家演习试试。

妈妈提问："宝宝，怎么样上楼梯电梯呀？"

他立马翘起一只脚，做出往上踩一步的样子。

妈妈示范："如果要进房子电梯，我们要伸开双臂保护自己哦。"

小家伙也连忙伸开双臂，仿佛要推向电梯门一样，相对速度较快地闪进卧室大门。

而上下楼梯这件事，平时随处可以练习，这个年龄段正是宝宝学习上下楼梯的时间，所以，不妨从旁指导，适当借力给他，或者教他扶着墙壁、扶手，学习自己上下楼就好了。

安全意识不是一天两天培养出来的，而是一个习惯、一种认知的累积，所以，平时借助各种环境，我们都会考考宝宝。譬如，指着墙壁上的插头问他：“这个可以碰吗？”

语言教育是一方面，另一方面，我们要端正自己的行为。还记得小时候，有一个音乐老师，身材窈窕却有一双肥嘟嘟的手，每次插电子琴插头，手指都恨不得要碰到插头的铁片，以至于急欲了解真相（到底手能不能碰那个铁片）的我效仿尝试，最后被电流打到地上，全身酥麻了好一阵子。

每次插插头的时候，我都会极其小心翼翼地拿住插头后方，在宝宝的观察下，谨慎认真地插到插孔里，再叮嘱他：“里面有电哦，我们不能碰插头，也不能碰电线了，好吗？”

看到宝宝点头如捣蒜，我才放下心来。

可是孩子的好奇心永远超乎我们的想象，趁我不注意的时候他还是想去摸一摸插座，或者学着我去按一下插座上面的电源开关。这不比任何其他可以以身涉险的事情，我也走投无路到批评他几句，甚至严厉地赶走他。

总之，出门之前，我们还应当估测一下，可能会遇到哪些安全问题。提前预防，最好能平时做好教育工作，否则临阵出麻烦，安全问题没有重来一次的机会。

最后，安全问题的防范只是保障宝宝安全的其中一个方面，对于紧急意外伤害的应对与处理则是另一个重要方面。当孩子发生危险，父母很可能是第一时间的唯一救护员，不宜惊慌失措乱了分寸，关键时刻如果能做到自救，或者一些必要的应急处理，或许会让孩子化险为夷。

1. 风把沙子吹进了宝宝的眼睛，怎么办?

宝宝一开始表现出来的只是眼睛不舒服，妈妈们不要贸然地用手去帮他揉，而应小心地把孩子的眼睑翻开检查，然后用湿毛巾把沙子慢慢拨出来。如果沙子在眼球上，立刻用清水冲洗。实在弄不出来，也不要慌张，就近找医疗机构解决即可。

2. 宝宝吃东西不慎让其进入气管怎么办?

很可能是因为宝宝边吃东西家长边逗他笑造成的，后果非常严重。尽量选择拨打120急救而不要自己打车去医院，可能因为颠簸使问题更严重，而救护车上的医疗人员和设备才能真正帮到孩子。

3. 宝宝把不能吃的食物吞下去怎么办?

如果是不能吃的东西或者有毒害的东西，应立即用手抠宝宝喉咙，让他立刻呕吐出来。最黄金的3～4分钟里急救是最有效的，要是等去医院再解决，无疑是错过黄金期，增加孩子的危险。

4. 宝宝皮肤被擦伤怎么办?

如果只是轻微擦伤，未见血或者轻微血渍，只需要用棉签、棉球拭擦伤口即可，最好不要用餐巾纸，纸张本身的不洁反而容易感染伤口。如果创伤面比较大，则需要立即用纱布或毛巾压迫止血，再送往医护点，至于云南白药之类的药物，尽量在医生指导下使用，否则可能适得其反。

5. 小虫子飞进宝宝的耳朵怎么办?

有时一些小昆虫会飞进宝宝的耳朵里，或是宝宝自己有意无意将一些小东西塞进耳道里。如果未能及时发现和处理，就很容易引起外耳道炎，甚至损伤鼓膜，影响听力。其实小虫子不需要用镊子等工具去取出，只要在耳道上点一点香油，或者用光照耳道，小虫子会被味道或者受到趋光性的影响，自行爬出。

6. 宝宝关节脱臼怎么办?

宝宝关节的各组成结构发育尚不健全，在遇到不当的外力时容易发生关节脱位（比如上楼梯、摔跤的瞬间、父母用力拉扯），其中最常见的是桡骨小头半脱位，俗称“牵拉肘”，这时候宝宝通常会因为疼痛而大哭，父母首先不要在对宝宝肘部用力，然后观察肘部是否可以进行前旋和后旋，孩子一旦不肯屈肘，害怕用力，即可确认为脱臼。父母只要立刻把孩子送往医院，复位难度不大。

STEP. 4 [动物园出游攻略]

在国外有很多妈妈都会在宝宝出生的时候同时在家中养一条小狗，让狗狗陪伴孩子一同成长。尽管这在我们周围的生活中不常见，但是父母希望宝宝和动物拉近距离的心是一样的。

动物园里最多的是3~6岁的孩子，也不乏1岁以内仅能抱在怀中的婴儿。曾经由于心切，也将不足岁的宝宝抱去动物园玩过，发现走了一遭，他虽然也能对部分动物表现出惊讶、喜悦，或者认真研究的表情，始终还是缺乏和家长、和动物的互动。宝宝能接收的信息极少，反而每逢周末动物园必定人气爆棚的架势有点吓到孩子，拥挤人潮中，他会紧张地抓住父母的衣服。

不过，1岁以后再来动物园，情形就完全不一样了。

去动物园通常有几种玩法：

	0~1岁	1~2岁	2~3岁	3岁+
观看室内动物表演	√			√
观看铁笼里的动物		√	√	
观察放养的动物			√	
观看外形奇特、罕见的动物				√

宝宝太小的时候，视线范围以及灵活度有所限制，他们更喜欢近在眼前的事物，而动物表演通常有更为明确的聚焦，容易吸引宝宝们的注意力。

过了1岁以后，宝宝自己的掌控能力强一些，父母可以让宝宝坐在肩头，观看更为远一些的景象。那么，铁笼里的狮子、老虎、猴子、豹子等会成为他们观察的目标。

到了2岁，小家伙能自如稳健地四处走动了，他们便偏爱于追逐观看，比如去看一看“小草原”上的袋鼠，还有最高房间的主人长颈鹿等。甚至有的宝宝会开始观察动物们有哪些生活习性了。

河马睡在水里，袋鼠妈妈胸口有口袋，装着小袋鼠，等等，他们能够认识并理解。

3岁以后，小家伙们会重新回到动物表演的舞台下，从前只是看热闹，现在可以看出门道了，熊熊烈火圈，老虎能够一跃而过，海豚能从水里一飞冲天顶到天空中的皮球……在游乐中增长见识和智慧。

每个动物都有致命吸引力

挑个春光灿烂的日子出门，计划中午在外面吃些干粮，下午3点打道回府。

然而，出了门才发现身不由己，当然，规划也存在一定的问题。

出门之前必想的几件事

●通过导航选择的道路是否拥堵？又或者是否选择了正确线路的公汽？

●有没有方便带宝宝同行的吃饭的地方？

●目的地有喂奶、换纸尿裤的场所吗？在哪里？

●热水准备充足是否合适一直背着，还是途中哪里有热水点？

●目的地是否有婴儿手推车外租，还是自己带？

●地图是否有？没有要记得入园购买。

以上事情都在心头过一遍，问题不大了，便可以出门了。

到达动物园门口的时候，就因为人多排队了一刻钟才买到票入园，同时购买一份地图以便随时寻找水源、洗手间等。进入动物园后首先映入眼帘就是一众雕塑，各种喷泉、雕像、旗帜都还能逃过宝宝的法眼，但是那高矮成排的白雪公主和七个小矮人，就让宝宝欲罢不能，逐个要去瞧一瞧、摸一摸、抱一抱。

待进入动物参观区，小家伙的兴致自然是愈发高涨，无论见到什么动物都觉得好奇、有意思，依葫芦画瓢地要给动物扔食物，准备好的小饼干他不扔，还偏偏要扔自己喜欢吃的饼干，结果就是，自己的食物都给了动物，饿起来只好吃准备给动物的食物了。

最大的难题还是——驻足不肯走。

“要看大象，就是要看大象！”在大象馆已经停留了二十分钟了，就是不肯走，他太喜欢看大象用鼻子卷起食物的样子。

好不容易坑蒙拐骗地掳走了，他又在海豚馆里耍赖。见到很多人和海豚合影，问他要不要，他胆小说不要，没强求，却看得出他在犹豫，等他终于首肯了，海豚的拍照时间早已结束，回到后台开始准备下一场表演。就这样，我们在海豚馆又看了一轮表演，终于等到表演结束，再找机会和海豚小姐合影。

基本上每个动物馆都有各种令人驻足的原因，一天下来，爸爸妈妈饥肠辘辘了，可小家伙总共就见到了三五种动物。

继续玩？

家长体力不支，小家伙也饥困交加，只好作罢。

一旦行程安排被打乱，下午的节奏就不好安排，偌大的动物园，半天走下来没有达到我们的目的地，以至于水源、阳光鼎盛的草地、餐厅等都不在身边，需要“跋山涉水”。宝宝的睡意就在眼皮，似乎沾到爸爸的肩膀就要睡着了，只好临时改变策略，打道回府，再从长计议。

闪玩趣味多

所谓吃一堑长一智，有过那么一次谈不上是失败但嫌不够圆满的经历后，我们总结了。

动物园攻略可以划分为两种。

TYPE A. 闪玩族

进园之后，首先观察地形，看看动物们的分布，可不是爸爸妈妈自己商量就好，而是也带着宝宝一起商量，最后决定先去看什么。

先看什么，取决于两个因素：第一，周边动物相对密集，比如白熊和灰熊，位置靠得很近，这样可以防宝宝流连不走；第二，遵循先看小动物再看大动物的原则，在孩子的世界里，大动物对他们的吸引力要比小动物更大，由浅入深能一直保持住宝宝对于动物们的兴趣。又或者知道宝宝的喜好，把他最喜好的动物排在参观的后半段，在恰当的时候提醒他：“小松鼠还在等着你哦，我们赶紧去吧！”他立马就会答应跟着爸爸妈妈走了。

闪玩族看望每个动物的时间都安排在十分钟左右，适当的停留可以让宝宝有机会仔细地看清楚动物，而不仅仅知道它长什么样子，更能知道它们吃什么，是什么姿势睡觉，叫声是什么样的，脾性如何。父母分工，当爸爸向宝宝介绍动物的时候，妈妈可以陪着一起看，也可以在一旁准备食物、饮品，然后把握时间和路线。

闪玩族的宝宝对于动物园路线很快就能了然于心，他认识很多很多动物，多去几次，不用妈妈提醒，他都知道下面要去参观什么动物了。

TYPE B. 经典族

当宝宝满2岁后，开始有很多很多自己的思维和想法，我们不再让他走马观花地看动物们，而是看到谁就好好地认识谁，我们买了动物园的年票。

每次去之前，都会问他：“今天想看什么呢？”

有了从前闪玩的经验，宝宝每次都能主动说出些不一样的答案，然后我们就将那一次的出游目的定为：参观他提到的那2~3个动物。

没有复杂的行程，没有紧巴的时间限制，我们去了就待在熊猫馆里，陪宝宝研究它。从五官到身体，从习性到动作，爸爸还要给他讲熊猫的起源，以及许多许多跟熊猫有关的故事。就这样，整个上午都在熊猫馆里度过，中午到餐厅就餐，下午再去看看背上有双峰的骆驼，再待上一个多小时，待他困倦，至此结束行程。

经典族的宝宝认识每个动物，还能集中精神对动物进行观察和研究，他们有了更丰富的思想。他能学出各种动物惟妙惟肖的叫声，以及样子，他开始在冬天担心骆驼，在夏天担心北极熊。

怎么样针对宝宝选择闪玩还是经典玩，可以参照下表：

闪玩族	经典族
家距离动物园比较远	家距离动物园比较近，可以办理年卡
宝宝年龄介于0~2岁	宝宝年龄介于2~4岁，年龄再大一些对于单个动物的停留也会逐渐缩短了
家庭出行不易（父母陪伴孩子时间较少）	家庭经常组织出游
父母不善于表达	父母寓教于乐能力强

动物园里每天都在上演着童话般的故事，孩子的想象力在动物身上一次次绽放，那些故事书上的事儿也都在动物园里找到了原型，孩子们喜欢这样的玩耍。如果有机会，他们真希望就住在动物园里……

STEP. 5 [植物园出游攻略]

初春时节，人们都迫不及待地要驾车出游，可是鉴于城市地理位置所限，乍暖还寒，带宝宝出门一整天地玩，担心午休没有好位置，也容易着凉。所以，宝宝在春天选择出游的时间尽量为春末，能闻到一点点夏天味道就最好了。

那时候，春天的花儿依然在分期分批地开着，稍微早一点，三四月里有樱花正盛；如果迟一点，又有郁金香争奇斗艳。在这美不胜收的季节，在家憋了一整个冬天的宝宝还怎能忍得住？

只是，春天去欣赏百花开固然美好，做好宝宝的两个重要防范工作还是非常有必要的。

首先，预防宝宝对花粉过敏，引发各种疾病。

每到春天，我们都会看到孩子们出现一些奇怪的症状，譬如眼角泛红、容易流泪，出门就打喷嚏，吹风流鼻涕，明明没有感冒却嗓子不舒服，引发干咳。最明显的就是脸蛋儿红彤彤的，起些红疹子，出现瘙痒症状，有的宝宝甚至有腹泻状况。妈妈们把孩子的症状当作感冒和肠胃病治疗，收效甚微，才终于发现，宝宝是对花粉过敏。因为春天里总有大量的花粉随风弥漫在空气中，引发宝宝的多重反应。尤其该注意的是有家族遗传史和吸入花粉量过大的宝宝。

预防需做到以下几点：

◇对花粉反应比较剧烈的宝宝只好暂时远离植物园，情况较好的宝宝则只用避开雨后天晴的时候去赏花即可，当然，也不要选在清晨，花粉浓度在清晨会达到比较高的水平。

◇远离祸源，不要让宝宝亲近那些花朵很小，颜色又不鲜艳，味道不香反而可能臭的植物。

◇不要在柳树、桑树、榆树、杨树、柏树等树木下休息野餐，尽量选择宽阔的草地。

◇在宝宝触碰了花草树叶后尽快为他清理手部卫生。

◇准备一些抗过敏的药物以备不时之需。

◇其次，因为身在花丛中，难免不遇到一些“贵宾”——蜜蜂，同时，也有一些可能给宝宝带来伤害的有毒植物，尽管有些植物园会表明，父母还是具备一点常识更好。

◇一旦误食有毒花草，要立即用生理盐水、醋、蛋清液漱口，然后送医。

◇夹竹桃、花烛（又称红掌）、绿萝、万年青、滴水观音等都是常见有毒植物，且发生过多起宝宝误食事件，值得关注。

◇若被蜜蜂蜇了，轻则引起局部红肿和剧痛，重则可能引起溶血、出血和中枢神经损害。贪玩的宝宝若不小心触动了蜂巢或者惊扰了正在采蜜的蜜蜂被蜇，家长应立即为孩子拔出毒刺，然后用清水冲洗伤口，随后上医院检查确认无事。

春末夏初的日子里，出行植物园，在妈咪袋里你准备好这些“附带品”了吗？

A. 晴雨伞、遮阳帽

B. 风油精、创可贴

C. 儿童专用防晒霜，春天的紫外线也是不容忽视的

D. 鉴于当天的气温，可以在长袖里穿短袖，预防正午热气

当心理准备和物质准备都稳妥后，宝宝的春游就可以正式拉开帷幕啦！

如果父母们不知道要在看植物的时候和宝宝交流哪些方面的知识，可以参照下表：

宝宝年龄	认识层面
0~1岁	认识“人山人海”、“花团锦簇”与“五颜六色”
1~2岁	认识颜色的名称和植物生于水还是陆地、盆栽等属性
2~3岁	认识一些植物的名称，并能说出一点特点，能通过形容说出几种植物名

拍照不是宝宝的菜

想带宝宝去植物园见识见识植物，始于自己对植物的无知，当然，这和小时候没有得到这方面兴趣的培养有一定关系，总不希望宝宝也对植物感到漠然和陌生。

所以，在向一位热爱植物的朋友讨教过基本知识后，就带着宝宝出发了。

对比动物，孩子对植物的喜欢是含蓄而内敛的，他甚至会望着一朵花儿发呆，也不知道能和它干点什么。

我们说："嗨，宝宝你快来看看这里，它们叫郁金香哦。"

又或者："宝宝你那边的花花是红色和黄色，妈妈这里还有紫色呢！"

……

和植物基本无法通过互动来拉近距离，语言显得好干。

宝宝果然表现出一系列的憨态，站在花丛中，不知如何是好。这就像是一场陌生人的聚会，宝宝无法破冰。

满园春色关不住，爸爸拿出照相机来想将这美丽的景色"带回家"，于是，我们竭尽所能地鼓励宝宝和花花草草们合影。

可宝宝并不配合，他望着鲜艳的花卉，没有丝毫欢喜和研究的表情，甚至于，他对草的兴趣要超越花朵。

他蹲在地上，细细地俯视着那些似曾相识的草儿，他开始想念他的玩具车……他平时就喜欢在院子里拔草，把杂草一根根地拔下来，放到他的玩具翻斗车上，一直装，装满，然后拖走。

此刻，他在想念翻斗车，同时，想尽办法回避爸爸的相机，他不爱拍照，他不爱植物们沉寂的热闹，他走到距离花花们最远的草地上。

这一场游玩成了鸡肋，1岁多的孩子对于植物的喜爱尚未被激发出来，他们之间相互绝缘，你不理我，我不睬你。

爸爸妈妈都只是一相情愿地处在成人式的兴奋中，女人因为花儿而雀跃，男人因为景致而心醉，无人体会宝宝的感受。

唯一或许能令他开怀的方法——摘一朵花儿给他！

他想要把好看的花朵据为己有！他看到有小朋友手上拿着花儿就更想要！可我们没有摘给他，他便开始耍赖。

就像是在超市里，一定要买他要的玩具时的样子。

但是我认为，他此时并不是无理取闹，而是这个地方于他而言，真的太没有意思了，即使他对花朵没有兴趣，也想去试试把玩。

我们意识到，从进园之后，我们一直没有按照事先计划的那样执行出游攻略，是我们的疏忽浪费了孩子最初的热情。

爸爸收拾好相机，妈妈收拾好摆不完的POSE，我们才真正收心，开始帮助孩子破冰。

【抱一抱】

植物园人多路杂，爸爸还是要先把宝宝抱起来，带领他从眼前的事物中跳脱出来。

【望一望】

植物园到底是干吗的？宝宝不知道，要让他将植物园变成一种概念，不是用语言文字告诉他，或者带他看局部的花花草草，而是在爸爸的肩头眺望一整个园子的美妙。他会知道：这是一片一望无际的花海，五彩缤纷。

【闻一闻】

从肩头下来，宝宝渐渐懂得，花朵儿是这花海的一个部分，陪妈妈一起低头闻一闻，花儿有没有芳香。宝宝再不是1岁的时候那样，分不清吃和闻，他知道在凑近花丛的时候，吸一口气。清雅的花香，是他对花儿立体的感受。

【讲一讲】

爸爸在家里备的植物课，适时地就要拿出来讲一讲了，或许宝宝并不能明白荷兰是花之国，但是他灵活的小脑袋瓜很快就记下来了，问他他能回答。对于颜色的不敏感让他总是无法正确说出花朵的颜色，但是当爸爸说有红色、白色，还有什么颜色的时候，他能指出另外颜色花朵所在的位置。

【比一比】

当宝宝见到的花花越来越多，一下子太多的新知识，他都感兴趣，于是他自己建立起一个游戏：轮流指着各种花儿来问我："这是什么？"统统问过一次后，好不容易找到机会反问他，他笑呵呵地一问三不知，摇头笑道："不知道不知道！"但如果只是把杜鹃和郁金香放在他面前，他能够比较和区分。宝宝已经开始拥有小小的骄傲，当他不确定的时候，他会回避回答，但他在心里学会了什么，是我们所意想不到的，也丰富极了。

1~2岁的宝宝尚不能沦为拍照的傀儡，带他参观静态的植物，如果只任由他自己去玩儿，很可能是了无新意，甚至令人无聊的。而要让他去发觉静态中的趣味与美好，首先父母带领的互动必不可少；其次，就是给他制造一些"情境"，他也能玩得愉快。

从观瞻到参与

不一定选择在植物园，每当清明时节，油菜花开满园的时候，带宝宝踏青，也能以同样的方法让他感受与大自然亲近的美好时光。

当我们与大自然格外亲近的时候，内心总有一股隐忍不住的稚气要呈现出来。

爸爸抱着宝宝走在后面，我竟自顾自地唱起："采蘑菇的小姑娘，背着一个大箩筐，清早起来采蘑菇……"然后将山石缝中的小野花采摘下来，放到“小竹筐”里。

除了植物园，我们也喜欢带宝宝到郊外、农村里植物茂盛的地方走一走，那里有杂花野草可以采摘，或戴在头顶当花帽，或扎成花束带回家装进花瓶，又或者只是拿在手上，任它随风飘扬。

就在他柔嫩的小手将野花儿摘下来的那一刻，宝宝和植物间的互动就开始了。而这时候，我们也才找到真正适合捕捉这美好时刻的器材——摄影机。

我们和植物这样玩

民间相传孩子阳气较弱，不宜到墓地现场活动，所以把宝宝们留在了油菜花地里由家长轮流照顾，而我们前往扫墓。

待我归来，小家伙已经和油菜花们融为了一团，他也模仿着我的样子，摘下花儿放到自己的小竹篮里，然后嘴巴里小声嘟哝着什么。走进一听，才听清楚是“采蘑菇”。他尚表达不出音乐的曲调，也说不完一整句的歌词，但是他试图模仿妈妈的一切是昭然若揭的。当他采了一篮子油菜花后，不知怎么的就收手了，改成假装采摘。嘴里依然在念，手上的动作也照做不误，只是，没有再采花，似乎是在植物园中被我们灌输的“要让花儿在树上才能开放，摘下来它就死了”概念生效，又或者是他已经对竹篮的数量表示满足了，又或者他实在没有力气一朵朵拽下来，累了……

看着他小小的身影在油菜花田埂上跑来跑去，偶尔一只蝴蝶掠过，他立马站定住不敢走动，头也不回地发出求救声：“爸爸，蜂子！蜂子！”

原来，他是担心植物园里我们讲起的另一个故事，一个被我们用来教育他不要招惹蜜蜂的故事——蜜蜂在花朵里采蜜，当你摘花的动作打扰了它采蜜，它就有可能拿它的刺来蜇你哦！而且，你越是动，越是打它，它就会越是蜇你。

所以，他像木桩子一样定在那里，再也不敢动，而这一切都被DV记录在案。

看来，是时候让他认识认识蝴蝶了，爸爸当即就拿出蝴蝶和蜜蜂的小卡片，滔滔不绝地背诵起百度百科上对于二者的定义了。

等他回家后重温这一段影片的时候，他会跟着一起回忆，蝴蝶和蜜蜂的区别；等到春天过去，冬天到来，他还能通过影片在雪天里怀念春天的娇丽；等到来年初春，长大更加懂事的宝宝还会看着这影像期待即将盛开的油菜花……宝宝与植物相伴的成长，在任何时候回忆起来，都生机勃勃，都色彩斑斓。

PART 3

进阶篇：远距离自驾游

【宝言宝语】

妈妈，听说表哥去了更好玩的地方玩。

那里有螺旋式的滑滑梯，有海洋球，有独木桥，还有蹦蹦床、秋千、迷宫、旋转椰子球什么的。

表哥说从滑滑梯上滑下来的时候，感觉很奇妙，又高兴又害怕。

表哥说在海洋球里怎么也站不稳，但是摔倒了又不觉得疼。

表哥还说那里有许多许多不认识的小朋友，大家一起做游戏。

妈妈，听说表妹回老家的时候也去了很有意思的地方。

那里有很多很大很厚很透明的水，是你说的江河湖泊海中的哪一种呢？

里面有没有鱼儿呢？

那我可以进去洗个澡吗？

妈妈，为什么电视上的小动物们就连晚上都住在外面，而我们住在家里呢？

要是我们没有屋顶就好了，可以直接看到星星和月亮。

妈妈，将来我是不是也要上幼儿园？那样我就不能天天出去玩儿了是吗？

……

外面会有什么呐？

STEP. 1 【约法三章】

想要带孩子出发去往更遥远的地方玩儿，始于他自己开始注意的一些细节。

比如：平时他躺着喝奶瓶的时候，外婆一定会去房间给他拿个小被子盖在他肚子上，以防肚子着凉。可是有一天，外婆忙着忘记了，他喝到一半，自己跑到房间去拿了被子给自己盖上。

从此，外婆不再张罗他的被子，他也知道事先就给自己准备好。

再过不几天，看到爸爸躺在沙发上看电视，他也会默默地跑到房间拿个小被子给爸爸。

又有一天，他的被子被洗了晒在外面，等到喝牛奶的时候，他有一丝惊慌失措，不知该如何是好。外婆叫了一句："再不喝牛奶就凉了。"

他连忙顺手拿了一件身边的衣服，盖在肚子上，喝起牛奶来。

宝宝的行为让我对他有了重新的认识，本来带孩子就是如此，他每一天都在进步，只要在我们发现他们能驾驭一定的问题后，他的生活便可以迎来一些新的挑战。而随着年龄越来越大，他对周围的事物都有所认识，每周一次外出的游玩，也都能轻松应对，甚至会自己想到一些事情。譬如好几次我们准备行李有遗漏的时候，他能主动想到，填补进来。

于是，我们商量决定，宝宝可以尝试一些更有挑战的出游了，距离更远，或者更多花样的。

同时，为了筹备第一次长距离的外出，我们也要给宝宝做一些额外的辅导，俗称约法三章。毕竟，出门在外，没有规矩不成方圆，而我们不愿意用刻意的"规矩"来约束他，而是希望能用他对事物的认识来形成他给自己定下的规矩。

鉴于全家人对宝宝目前表现的考察，总结出他有以下几个困难需要克服：①容易耍赖，明明是别人的玩具他一定要据为己有，或者一玩再玩，就是不还；②太有自己的意见，并且一意孤行；③有点小懒惰，刚走两步路就喊累，说走不动了，要父母抱。

这几个问题不解决，我们的出行必将事事犯难，寸步难行。

于是，爸爸决定，要跟宝宝约法这三章！

1. 出行不要赖，要赖不过三分钟

2. 一切好商量，行动听指挥

3. 勇敢与坚强，能走就不要抱

跟宝宝任何要求，这狡猾的“小狐狸”都说好，但是光说不练假把式，还得用实践来检验真理。

光是带他到附近的超市买点小零食，他就走在半路添乱子：“妈妈，我走不动了。”

于是，我们采取了几种方式来锻炼他。

第一式：反面教材式

宝宝尚未出生的时候我就开始担心，将来他会不会也像一些顽皮的孩子那样，为了要到什么东西，睡在地上打滚，不达目的誓不罢休。或许是因为有了这种居安思危、未雨绸缪的想法，一旦孩子表现出些微类似的症状后，我就十分警惕。每当见到有孩子如此要赖，我都会将之作为反面教材，及时教导他：“你看他睡在地上，既没有礼貌，还把衣服弄脏了，妈妈好难过，才不会满足他的任何要求。”往往，为了担心孩子效仿，这样的场面都一闪而过，不让他多驻足观看，也好让他对这件事的印象停留在“无法得逞”的结果上。这样，当他要赖起来，而我教育无效后，便会放弃面对这件事，依然和他讲话，但是对他要赖来的东西熟视无睹，对他因此欢欣雀跃的样子不屑一顾，没多久，他便也知无趣，放弃了。

第二式：亲情感染式

父母对于孩子的教育，最常见，也最有效果的手段无疑是——感染他！父母之间凡事有商量，并且让孩子亲自见证一次，当父母意见产生分歧，一方刚开始非常笃定，却在另一方的解说后改变主意的状况。尽管他不能理解问题的症结，但是他能感受到大家能心平气和地将意见统一，而且有不错的结果。逐渐地，宝宝不再张扬跋扈，好几次他闹别扭的时候，也能听着父母的权威安静下来，改变主意。

第三式：英雄无敌

给宝宝树立英雄，这个英雄不是别人，正是他的表哥，为什么表哥可以去很远的地方玩儿你不能？俩人凑在一起，宝宝要抱的时候，立刻树立表哥的英雄形象：“你瞧，表哥就很独立，可以自己走很远的路，所以才能走去很远的地方玩。”在英雄的督促与检阅下，宝宝立马生龙活虎起来，要与天公试比高一般急欲证明自己的实力。

而这效仿英雄的一幕，此后任何时刻都可以随时被提起，用来鼓励他走更远的路。

生活习惯太规律

平时带孩子总是希望他三餐规律，大小便定时定点，可一旦出远门了，这样难得培养出来的好习惯就要面临随时被打破的危险。

譬如他的生物钟是定在每天上午10点大便，然而，我们10点钟可能正行驶在高速公路上，没有办法在他“急”的时候正好路过厕所。

又譬如他习惯在上午11点吃午餐，然后12点睡午觉，可是我们下午1点才找到食物，他睡得正酣。叫醒了立刻让他吃他又没食欲，等他自然醒了再吃吧，又不一定有热食可吃。

就这样，长期形成的好习惯在出游的路上成为了我们最大的麻烦。

但是，宁可尽最大的努力解决眼前最大的苦难，也不要因此而破坏了宝宝的规律。还记得有一次，因为回老家，在路上耽误了一下，他憋住的那次大便最后分了三次，才艰难地拉出来。宝宝年龄尚小，这些生理症状自己不会调节，要么就是在车上拉个不痛快，留下隐患，要么就是憋着憋着就变成了便秘。

另一个令人无法阻挡的问题，就是睡觉。

由于自驾出游重复率不高，通常对去的地方不是太过熟悉，搜索来的攻略总不够细致，许多细节还要自己把握——比如到底该如何安排孩子的睡觉时间。

长途的旅游我们安排在周末，为了照顾孩子避免夜晚出发。我们周六早上出发，预计周日下午归来，看似很好的安排，其实是不得不把最好的时光都浪费在车上了。

要安排长途出游的睡眠，我们也做了多番的尝试。

方案一：第一餐使用保温盒

早上7点出发后，基本上整个上午的时光都待在车里，好不容易到达目的地该吃饭了，孩子的困意汹涌袭来，赖着吃两口饭就倒在餐桌上睡着了。我们在一边吃，他在另一边睡，等我们酒足饭饱要出发了他刚好醒来，这时候又该给他张罗吃的了，否则整个边走边玩的过程中，他要么就是体力不支需要抱，要么就是一直嚷着要吃这个吃那个路边摊。

究其原因，问题主要就是出在第一个环节，第一餐没吃到，导致后面时间都对不上。于是，我们在出门前就给他煲好一碗粥，放在保温瓶中带着，保温3~4个小时没有问题（也可以用密封碗装好，带到加油站用微波炉加热即可食用），在目的地到达前0.5~1个小时的时候，找个加油站稍事休息，同时给宝宝喂粥，然后那0.5~1个小时的车程里再让宝宝好好睡上一觉。这样，中午到达目的地后，小家伙就能生龙活虎了，陪着爸爸妈妈再吃一点点热菜热饭的，好精神也足够他继续去游玩啦。

方案二：孩子爱补眠

对于习惯晚起床的宝宝来说，要他7点前就起床，这无疑是个巨大的挑战，与其如此不如让他头一天晚上就更晚一点睡（也不要太晚，比平时晚半个小时到一个小时），第二天的早床势必让他觉得压力大，但是一听说要出去玩，他又会条件反射地精神抖擞起来。

这时候，就让他尽情地HIGH吧，在车上跟他玩讲故事的游戏，诱导他背诗歌或者玩他平时最擅长的游戏，不影响驾驶安全的各种背诵、朗读、唱歌等游戏均可，让他尽快地消耗掉兴奋因子，从而被困意悄悄附身。再适时地让环境趋于安静，送上一杯牛奶，喝着喝着他就睡着了，身体需要他补眠，他也无法抗拒。待他一觉醒来，正好到达目的地，吃饭，开耍咯！

孩子依然践行着自己一直以来的生活规律，没有改变什么，却也让行程更加顺畅起来。合理调整宝宝的活动节奏和顺序，困难会一一迎刃而解。

吃喝拉撒多沟通

幼儿园规定宝宝年龄满3岁即可入园，但是对于妈妈们来说，年龄只是一个辅助的标准。能放心送宝宝上幼儿园的重要因素，取决于宝宝是否可以独立吃、喝、拉、撒。

其实，这也是父母痛快出游对宝宝的一个基本要求，而即使宝宝暂时没有具备这样的能力，出游过程将会成为锻炼宝宝这方面素质和能力的重要契机。

给宝宝处理吃喝拉撒的问题，根据宝宝的出游经验深浅来分别对待。

	较少外出，没有什么经验的宝宝	经常外出，经验丰富的宝宝
吃	准备奶粉和一些宝宝熟悉的干粮	带上少量奶粉备用，在环境卫生的餐厅入乡随俗地吃
喝	准备几个奶瓶样子的杯子	带上一个保温瓶备用，尽量在玩的时候就近选择水源
拉	准备一些纸尿裤，几条开裆裤和内衣若干	要求他大小便前报警，年龄稍小的时候做到夏天出行自行解决，年龄渐长后要在冬天胜任自己脱穿裤子

出门在外，突发事件比较多，父母可能一时顾不过来宝宝的吃喝拉撒问题，俗话说“穷人家的孩子早当家”，同理，父母疏于照顾的宝宝也会更为迅速地独立起来。在家里即使小便尿到裤子里也要等着妈妈来脱裤子的小家伙，会自己把尿撒在田埂上，会在爸爸开车路过加油站的时候主动要求停车去买点水喝。

除了宝宝自己的成长和懂事外，父母和宝宝之间的互动也在旅途中变得越来越多，和宝宝良好的沟通成为让旅途顺利的重要手段。

我和宝宝之间沟通频率最高的三件事分别是：

1. 当他很久没有吃东西的时候，我会主动问一问肚子饿了吗？有时候我也故意不去问，而是自己拿出一点水果来吃，他饿了便会赶紧跑过来吃几口，告诉我他饿了，否则他就会一笑而过继续和爸爸讨论蝴蝶和蜻蜓的区别。

2. 大约是受到遗传的关系，我们母子俩都有点“一玩儿就忘记排泄”这症状，所以每到晚上洗澡的时候，我拍拍他的屁股，他会主动告诉我：“我今天没有/有拉臭臭，不用/要洗屁屁。”久而久之还会追问一句：“妈妈今天拉臭臭了吗？”

3. 今天玩得高兴吗？这似乎是每一次睡觉前都要回顾的话题，无论是午睡还是晚上睡觉，就像道晚安一样自然，彼此问一问今天旅途上最高兴的事和最疑惑的事。我在乎孩子在旅途中的感受，也主动分享自己的心情，引起宝宝对自己的关心。

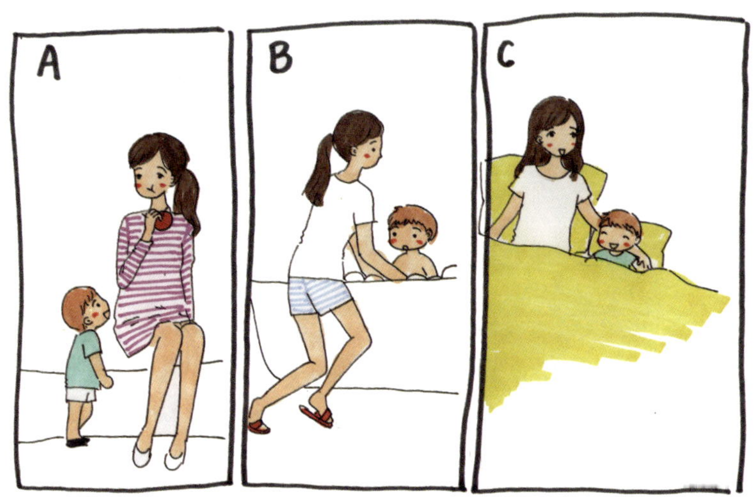

当然，还有一件需要跟宝宝沟通的最重要的事情就是——健康，但是它不宜用语言来进行沟通，更适合用观察或者不经意询问的方法。

有一次，宝宝因为在公园里跑太久流了汗我不知道，贸然给他脱了衣服，瞬间吹风连续打喷嚏。我因为一路太过关心，三番五次地问他有没有哪里不舒服，有没有觉得身体发冷，有没有流鼻涕，有没有咳嗽等……搞得宝宝自己紧张得不行，主动叹了 一句：“我又生病了。”然后回忆起生病要打针的事情，一路上情绪不佳。从此，我会注意去逐步纠正他对“生病会带来巨大痛苦”的片面理解，同时也避免再用语言去和他做一些健康方面的沟通，一来他并无法完全正确地表述事实；二来孩子本身不必要刻意在乎一点小病小痛的，家长自己观察清楚即可，无须让孩子也时刻关注自己，显得心事重重。

旅途中，用适时的沟通把握住宝宝的吃喝拉撒问题，再营造一份愉悦的心情，那么，何愁这段旅程不会快乐？

STEP. 2 [备衣服、备包]

两天一夜的小长途出游，除了要做比一日游更周密的出行计划和安全计划外，更需要做一份完全的突发事件处理应急方案，以及备上一份更全面的急救用品。这样，一旦遇到突发状况，你才不至于巧妇难为无米之炊，枪支弹药与射击技术均有。

急救箱物品参考本：

1. 棉签、棉球　2. 退热贴、退烧药　3. 体温计　4. 紫药水、红药水　5. 双氧水　6. 三角巾　7. 医用纱布、创可贴　8. 碘酒　9. 酒精（用于皮肤消毒和物理降温的分开）　10. 剪刀和镊子　11. 风油精

以上紧急用品用一个专门的袋子或者小小急救箱装好，置于一旁，接下来妈妈们就要开始最喜欢的备衣服环节了。

一家三口，从里到外备个遍，尤其是还需要额外为孩子备两套衣服以防突发状况弄脏弄湿，而如果是要去往风景怡人的地方，妈妈还总要给孩子除了必需的衣服外，更多带几套好看的衣服，用来拍照。

最后，不要以为只要衣服就足够，有些宝宝还有着专门的癖好不能被破坏，否则他会没有安全感。比如我们家的宝宝晚上睡觉一定要盖他自己的被子，即便是醒着的时候可以哄哄他说被子洗了，在晒着，他答应不要。然而睡到半夜醒了，他眼睛都不睁，只要用手一摸就知道盖的不是自己的被子，那时候开始吵吵嚷嚷就让人不知如何是好了。

所以，带衣服的同时，还要带上宝宝的贴身之爱，可能是一个陪他睡觉的娃娃，可能是一本睡前必看的故事书，又可能是一张有他熟悉味道的被子。毕竟一夜外宿，这些熟悉、依恋的东西都能给宝宝带来安全感，让他不至于为全然陌生的环境所紧张。

无论这一夜是在农家民宿还是在酒店度过，宝宝贴身睡衣只要在睡觉前换上，醒来后换掉，以保证宝宝的衣着卫生。通常频繁洗涤的床单上含有漂白粉等东西，对宝宝细嫩敏感的皮肤不好，不适宜将沾染过床单的睡衣长时间穿着。

这样一来，尽管只是两天一夜的小旅行，我们的旅行包和车后备箱也都装得满当当了。

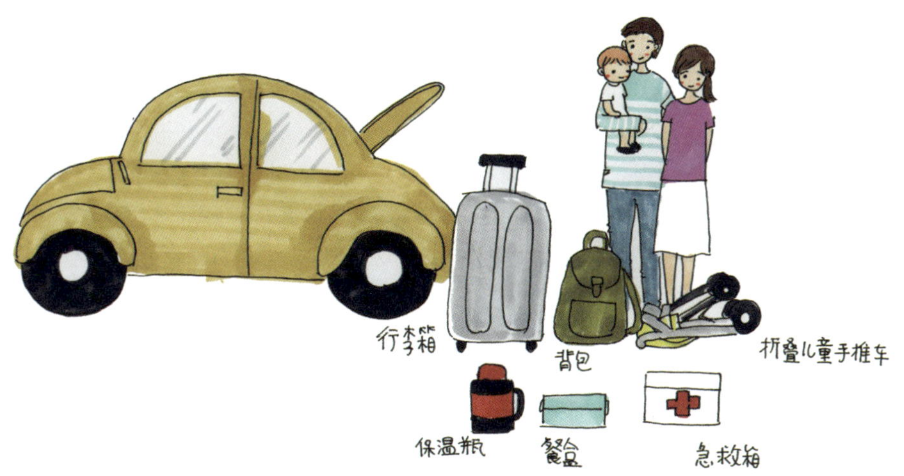

行李如牛毛

自驾出游就不怕行李多吗？

一开始的窃喜随着旅途的进行消失殆尽，车的确是方便了我们的出行，想去哪里就去哪里，然而也正因为有了车让我们对很多事情的要求都放低了：原本可带可不带的食物，都选择带上，结果在车厢密闭的热气中腐败；原本可带可不带的衣服，也觉得反正不用人提就带上，结果晚上散落在房间中第二天至少要多花上半个小时整理行李；原本绝不打算带的玩具，出门前小家伙极力争取要带上，我们想着反正不碍事就带上吧，结果一带就是全程，总在我们忙乱中他坚持要手握玩具加重我们的负担……

我们把住宿的地方打扮得像家一样温馨，那是因为里面全是我们从家里带来的东西，有随处可见的熟悉，同时，也带来了行李如牛毛的巨大麻烦。

去木兰山那次，第二天出门后我足足三次想起还有东西落在宾馆里而折返！

而要解决这个问题，办法其实也不少。

办法一	减负	只带宝宝的必需品，其他一律不带！ 不因“有车方便”而带上杂物； 不因“要拍照”而带上道具； 不因“以备不时之需”而带上内忧外患的各大行头。 切记：有钱能使鬼推磨！东西带多了常常要分心照顾行李而难免要疏于照顾宝宝，危险！
办法二	少购入	纪念品，不买！用记忆来纪念才是最好的纪念； 新奇特，不买！多是头脑发热一时认为的新奇特，其实地摊上多得是； 食物，不买！万能的淘宝+顺丰让你想吃就能立刻吃，何必周折带回家，还可能在路上就坏掉。
办法三	行李点名	出门前就给重要行李标号，通常从1标到5就累了，不想标更多就自动不会带更多行李了。而旅途中的每一次出发之前，都给所有行李点名一次，重要东西自然不会遗落，而不重要的东西遗失了，就当缘尽于此吧。
办法四	回顾	每一次旅行之后回来都会习惯性地感叹一下：这次带去的什么东西放在车上拿都没有拿下来过。然后，将这件物品定义为“黑名单”，下次旅行首先从行李表中剔除，会带的东西就自然而然越来越少了。

往往行李过多都是我们的内心作祟，并不是出游需要，是我们的心理需要，宝宝亦是如此。

可他的行李总是我们最难减掉的负担，比如他随时都要带上他的小汽车、高尔夫球箱、沙滩玩具等，任我们如何劝都劝不下来。当然，最后这些玩具他可能没有时间玩，我们却沦为移动储物室。

对付宝宝难缠的行李——

2岁，他就有了自己的行李箱，迷你型的，去哪儿都带着，有时候我会允许他带上一两件轻便好拿的玩具，有时候他也倔强起来一定要带些不方便、华而不实的玩具。这时候，我就一边整理自己的行李，一边通知他把他要带的东西都放到箱子里带起来……终于，他装不下了，而我们已经打包完毕准备出门了。他一急一慌，事情就好办了，我们都鼓励他说："宝宝快点装好，电梯来了。"他当然是顾不上装了，东西一扔，赶紧来追电梯。

当我们坐上电梯的那一刻，他开始想要自己的箱子，可惜我只能告诉他："下次你打包的时候速度快一点吧，这次就不带了，出去可能遇到更好玩的东西，就让玩具在家里放个假，等我们回来再玩儿吧。"

他哼唧两声，也就罢了。

成功减掉一个无用的箱子，嗯，肩膀上的"担子"轻多了。

自驾护航攻略知多少

带宝宝自驾出游，最累的到底是负责驾驶的爸爸还是负责在车上带孩子的妈妈呢?

我曾经为此而幼稚地与老公争论过。实在是因为这长途的车程中我要在狭小的空间里对付一个刚起床，浑身都是劲的娃娃，有点压力太大。

为了缩短行程，至少尽人力所能去缩短行程，“司机”们必须做到以下两点：

1. 避免车流量高峰期外出，尽管周末上班的人少。早上7点出门和8点出门的区别还是很大的，早一点出门，车少，人少，交通状况良好，赶在8点前上了高速，单程至少节约半个小时。

2. 导航智力有限，还是应该先看攻略，选择最好的行车路线，并提前了解哪里在修路，哪里是单行线，哪里不能左转等问题，不走冤枉路至少不会挑起被宝宝调皮折磨地几欲抓狂的妈妈的怒气。

待我们的车正式驶上旅途，妈妈就要开始发挥十八般武艺来“驾驭”住车上这个“不定时小炸弹”了。

几次玩耍下来，算得上是个中高手的我，早就把自己当作为自驾游保驾护航的大使，几个小窍门值得分享：

A. 每一段行程里都有值得宝宝欣赏的风景，当他不想讲话的时候可以看一看沿途的风景，想让很吵闹的他归于平静的时候，路边的田野、牲口，江河、船只都是他喜欢的风景。

B. 当宝宝有些哭闹的时候，在他耳边说话，轻轻吐气，他会觉得有所依靠，尤其是他因为困顿而吵的时候，此法最有效。

C. 听音乐讲故事，考验妈妈记忆力的时刻到了，平时他喜欢的故事书和IPAD都不建议在行驶的车上拿出来看，那么最好的方法就是播放。当然，更好的方法就是由妈妈人声“播放”，宝宝心情好的时候会跟着妈妈一起读，妈妈说上句，宝宝说下句。若他心情不好，可能听着听着就睡着了，两种结果都不错。

D. 当宝宝年龄还太小的时候，要坐长途车，则可以让宝宝听得到妈妈心跳声，抱紧宝宝会让宝宝产生安全感。同时，妈妈能一边抚摸宝宝的小手小脚，他会感觉到更幸福，安静下来享受这一切。

E. 当宝宝哭闹的时候，妈妈可以有节奏地敲打车窗，叮咚叮咚的声音会吸引宝宝，让他顿时忘了哭泣。

F. 给他吃东西是永不过时的止哭方法，但是宝宝很可能仗着自己哭闹而得到太多的零食，影响正常三餐，最好只是用食物来逗乐，少食。

G. 适合宝宝在车上玩的游戏也不少，比如：用手绢遮住自己的脸给他做怪相，3岁以内都有效；比如按键式的小玩具、计算器等也是他们的大爱，要知道家里的遥控器都不知道被他按坏几部了，天性爱按键；实在不行，宝宝对于系绳子、拉拉链的游戏也很喜欢，就地取材，穿的衣服都能成为他的玩具，能让宝宝玩上好长一段时间。

H. 实在不得已的情况下，就妥协吧，找个加油站什么的下车转换转换环境。从密闭的车厢里下来走走，让宝宝暂时转换一下环境和心情，也是不错的选择。当然这种方法的前提是你要有充裕的时间。

车在囧途，妈妈的逗乐角色极其重要，因为宝宝的哭闹通常会引起爸爸驾车的不安，男人比女人更忍受不了孩子哭，间接影响全家人的安全。而小长途让孩子全程保持安静似乎不可能，所以，每个妈妈都要有自己的两把刷子，以防万一吧。

STEP. 3 [夜观星象]

要有一场完美的儿童旅行，它势必始于一个完美的天气。春怕雷声惊天，夏忧暴风骤雨，秋恐凉气突袭，冬天压根就不敢出门了。

所以，要带宝宝出游最好不是临时起意的，需要提前绸缪。即便想有那么几次说走就走，也要是平日里经验丰富，至少曾经计划过，安全系数才相对较高。

每次旅途都希望天公作美，但其实很多时候也都事在人为，好的天气可遇不可求，但懂得夜观星象，察言观色，总是对度假有益无害的。甚至有一次，天气预报播了——未来两日有零星小雨，我们通过一夜不专业地观察后，决定赌一把，零星小雨可能去往了别处或者稍晚抵达我们的城市，次日出游计划不变！

由于时间有限，能有一个不那么疲累的周五，并且把周一的事情全部提前准备好了，然后完整地空出周末两天陪孩子的时间，的确不多。所以，每次出游前，为确保天气尽可能好，宝爸练就了一身“夜观星象”的功夫。

六大生活版天气预报技巧：

1. 冬天里忽然雷鸣，会降大雨。

缘由：冬天有雷鸣时，在海岸边可以感受到西北季风吹来，会降大雨。

2. 如果周边有铁轨，可以通过轨道上飞驰的列车声响是否清楚来判断，晚间能听到声音清晰的列车声为阴雨天。

缘由：当白天与晚上的温差很小，天气阴沉，声音容易传远。

3. 春天吹南风，不要上雪山观雪景，有雪崩危险。

缘由：春天南风，是由于海上低气压引起。温暖的南风，易造成冬去后未解冻的雪崩坍。

4. 清晨玻璃窗上的霜受到朝阳照射，发出灿烂光彩，预示着当天天晴。

缘由：霜的成因是夜晚寒冷，与白天温差大，所以它代表着白天温度高，会天晴。

5. 清晨有毛毛雨也不用改变出游计划，不久就会停。

缘由：据说古时候的女人们看到早上下雨反而会卷袖洗衣服，认为早上的雨不到下午就会停了。

6. 傍晚眺望远山，视线清晰则天晴；反之近处景物模糊，便预示天雨。

缘由：空气干燥，天气晴朗，远处景致方可一目了然。

爸爸除了自己有这么一套办法外，也很有兴趣带着宝宝一起钻研风云变幻的征兆，尤其是当我们头一天出门在外了，爸爸会带着宝宝通过观察植物和动物来判断第二天的天气。

鱼儿跃出水面	下雨	远处天气转坏，迅速传到水中，鱼因为吃惊而跳跃起来
蚯蚓钻出土壤	下雨	天气转坏，湿度增加，地面变暖，蚯蚓就会钻出地面来
猫咪洗脸	下雨	即将下雨的时候空气湿度升高，跳蚤在猫身上特别活跃引得它要洗脸
鸟儿低飞	下雨	天气转坏时，昆虫多靠地面飞行，燕子想吃昆虫，所以低飞
青蛙鸣叫	下雨	青蛙皮薄，能够敏感到湿度的变化，当它比平常叫得更激烈的时候，表示湿度大，就会下雨
蜘蛛网上有水滴	放晴	天气好的时候，白天与晚上的温差就会变大，遇到冷空气的水蒸气，就变为小水滴
鞭草根部发霉	下雨	鞭草对湿度反应灵敏，如果它露出土外的根发霉并带白色时，则预示有雨
含羞草闭合比张开敏感迅速	放晴	如果即将下雨，含羞草会受到湿度的影响，其恢复原状的速度要比闭合的速度要快

这些民间方法总不是全然正确的，但是每次看到爸爸带着宝宝一起看蜘蛛网，或者一阵疯闹后突然因为列车鸣笛而停顿下来洗耳恭听，接着开始童真地讨论，也不失为一件极为有意思的事情。

天气才是拦路虎

就有这么一次，因为爸爸的无条件自信，我们冲动地在阴天里执意选择了继续出游，最后在自驾四个小时后，被一场雨拦在了野生动物园的门口。

爸爸的计划是宏伟的，之所以选择来玩上两天一夜，就是想让宝宝和野生动物们有个不匆忙的见面与相处，殊不知，最后还是被天气给拦住了。

其他地方说不定还可以勉强玩一玩，偏偏野生动物园不可以，下雨山路崎岖，还打滑，再加上动物们也在找地方避雨，何来兴致与人交流呢？

难道我们就这样打道回府？

这当然不是一个成熟的出游家庭会做的选择，我们的计划里本来就包含了第二“志愿”——附近的海洋世界。

海洋世界可以解决所有天气的后顾之忧，因为它是——室内的，而且，没有破坏我们对宝宝的承诺。即将3岁的他，早已经知道我们今天的目的地是看动物，虽然看不到狮子、老虎让他失望了，但是能看到熊猫、北极熊这些罕见的动物，也许他更开心了。

还有另外一次，我们出了城打算上山看日出，也是被天气给中途拦截。那座城是我们从前来过的，除了我们想要去的山有秀丽的风景外，这座城确是没有值得我们停留的地方，却实在无法跟宝宝解释说：“因为下雨，行程取消了。”

对于一个热爱玩，把玩当作自己终身事业的孩子来说，“取消”是个多么可怕的字眼，我也是过来人，自己最不想听的消息我不打算告诉孩子。最后，我们决定将行程修改为——去商场里的儿童乐园玩！

城市虽没有什么特色可循，好在有个孩子们怎么也玩不腻的大型室内游乐场，难得爸爸妈妈都有时间专程陪着他在游乐场玩儿，宝宝也是高兴至极的。

预防天气成为旅行的最大杀手，针对晴天变雨天，临时改变计划，我们拟出一些“第二选择”以供参考：

A. 城市里可以改去室内游乐场，这是孩子的欢乐天地，但需加上父母全程陪伴。

幸福指数：☆☆☆☆

B. 根据遇雨而被困住的地段和区域，可以在移动地图上找找附近是否有博物馆、展览馆之类的地方，有新奇的事物也能吸引宝宝的兴趣，特别适宜于较大的儿童，还能学到一点知识。

幸福指数：☆☆☆

C. 室内游泳馆虽然没有水上世界那么多姿多彩，但是用于替换是形式最接近水上乐园的项目了，冬天改换泡温泉也是不错的选择，只要与水有关，孩子都会喜欢。

幸福指数：☆☆☆☆

D. 运气好一点的时候或许能在雨天里碰上一场动物表演，或者木偶剧什么的，临时调转方向盘，能给孩子带来一个特别的惊喜，即使是1岁左右的小朋友，也能付诸短暂、间歇性的注意力给舞台，算是一种尝试吧。

幸福指数：☆☆☆

E. 如果只是乌云过境，可以临时到4S店休息一下，那里冬暖夏凉，还有温水解渴。好一点的4S店还提供诸多消遣娱乐活动，比如桌球、迷你型儿童乐园等，适合全家进去休息一个小时左右，坐等天晴。

幸福指数：☆☆☆

天气它是拦路虎，拦住我们去往计划中的地方；天气却又拦不住我们不安于家的心，我们总能在它不至于太恶劣的情况下，找到亦可行的第二选择。

季节出游各具特色

所谓幸福是什么？在对的时间遇到对的人，在对的时间做对的事。

如何才是对的时间，首先，它要是对的季节。

宝宝没有春夏秋冬的严格界限，所以他常常会在春天跟我说：“妈妈，我想堆雪人。”也会在夏天看着照片恳求我带他去看樱花……

宝宝之所以可爱，不就是这种不被时间束缚的想象最可爱吗？

可是，我们又不得不试着，在他的脑海中，逐步植入一些关于季节的概念。

宝贝儿，来，跟我念：

“春有百花秋望月，夏有凉风冬听雪，饥来食，困则眠，热取凉，寒向火。”

不要不相信一个两三岁宝宝的学习能力，根本不用要求他去背诵，跟着妈妈读上几次，他们就完全记得了。

“春有……”

妈妈一开头，宝宝就能立刻接上：“百花”。

【春游——赏百花】

好去处：植物园、城市公园、动物园等，或者到近郊去爬山。

【夏游——江河湖海】

好去处：江滩、海滩、湖边、乡间林荫道等，可以游泳，漂流。

【秋游——平原】

好去处：在城市内湖划船，去郊外野炊，或者到平原草地放风筝。

【冬游——温泉赏雪】

好去处：室内博物馆为安全之选，而儿童滑雪场，泡温泉则为冒险之旅，却也有尝试的乐趣。

这座城市的冬天没有供暖系统，所以冬天孩子们大多待在家中无法外出，想要长途旅行更不便操作。于是，在秋天的尾巴里，我们带宝宝去了三百多公里以外的另一座城市“望月”。

原本在我看来秋天的出游毫无特色，孩子的眼睛却总能发现细枝末节的美。他一下车，就喜欢上了加油站旁边一条满是落叶的小道。一排梧桐树朝远处伸展开，它们张开手臂像是英国绅士一般撑在加油站的顶端，地上铺满了枯黄的叶子。趁着爸爸去洗手间的空子，宝宝马上跑了过去，就像冬天踩雪一样欢喜。

我们轮流吃吃喝喝拉拉，任他玩耍，却只见他拿着每一片树叶都不愿意再扔下。

他带走了所有被他捡起的树叶，我看不出它们和那些没被捡起来的有何不同，他拿回到车上，收纳起来。两天一夜，他每每见到落叶都会拾起几片，放在一起把玩，带回去。

我总在观察那些树叶，是否有着我不能发现的特别之处，最后我将他们都夹在宝宝的图画书里也毫无所获。时间过去了很久，再拿出来看，宝宝第一时间就蹦出一句话来：“秋望叶！”我这才明白，在他吐词不清的语言世界里，月与叶是平起平坐的，当我们带着他秋天出游的时候，他依然惦记着秋望月那回事儿，他搜集不到月，却搜集到了好多好多的叶……

谁说秋天出游毫无特色呢？春天的叶子虽然绿油油的，却也高高挂在枝头，只有秋天，它们能成为我们手中把玩的爱物。

STEP. 4 [森林公园出游攻略]

春夏交替的季节，也不知是人们对于亲近大自然的欲望太过强烈还是对于食欲的突破充满动力，总有无穷无尽的森林公园出游邀约。再贫瘠的人生似乎也有了丰富的选择。

【选择玩伴】

A. 和父母、亲友前往

好处：每个人都可以帮忙看孩子，孩子也对大家都熟悉，不拘谨，更自由。

缺点：两个和尚抬水喝，三个和尚没水喝，反而人多手杂，彼此依赖可能最后谁都不知道孩子到底去哪里了。

B. 和同事、朋友前往

好处：有孩子一起玩，欢乐多，还有很多未婚的叔叔阿姨陪着玩。

缺点：陌生人突然很多，孩子一时会不适应，而且有些陌生的逗弄和调侃不一定是孩子喜欢的方式。

C. 与宝宝年龄相仿的家庭前往

好处：同龄的孩子兴趣比较一致，能玩到一起去。

缺点：孩子较多，家长需要各自顾好自己的孩子，不太有额外的精力照看其他宝宝。

带宝宝外出我们选择第三种方法比较多，宝宝在上幼儿园以前要建立自己的朋友圈，第一是跟邻居朋友玩，第二便是发展父母朋友的子女，生活环境和圈子相似，培养宝宝的理念相接近，孩子们在一起玩也融入得比较快。

【玩什么】

森林公园到底可以玩什么？又该如何分配玩的时间呢？

A. 散步

首先到达森林公园后，每个家庭派出一名家长负责生火、准备食材等，而另一名家长则负责带宝宝到周围熟悉环境。

当烧烤的烟雾弥漫起来之前，森林公园的早晨还是有着浓浓芳草香的，让几个宝宝手牵手环抱一棵大树，将来他们便明白课文中“要几个孩子才能环抱住的大树”到底有多粗壮；让孩子们在树林里玩玩儿捉迷藏，他们才能将童话中的森林与现实进行对比。

B. 烧烤

待伟大的“厨工父母们”把食材与炭炉都准备就绪，孩子军团们便可以过来参与烧烤了。尽管从前孩子们也去过厨房研究食物是怎样来的，但烧烤对他们而言依然是新奇的事物，他们跃跃欲试。

当宝贝儿们具备一定动手能力后，父母们在这个时刻没有任何理由让他们继续接受嗟来之食，就放手让他们也试一试吧！

初始的火苗还没有那么旺盛，给他们刷子、食物和油盐作料，可以手把手地教小宝宝。大宝宝可以给他系上围巾，让他照着妈妈的样子依葫芦画瓢，他也能做得很好。

然后，选一个逆风的位置给宝宝站立，避免烟熏，再将他们自己上好作料的食材交到他们手中，烧烤其实有多难呢？不需要父母的提醒，当他看到别人在翻面的时候，他也会跟着做。2岁开始，宝宝进入模仿能力的高峰期，别担心他做不好，只要你愿意放手给机会让他自己去试。

C. 午睡

自给自足的经历会让宝宝们感觉良好，他们纯真的心灵使得他们不会拒绝自己烤出来的难吃食物，这种美德却逐渐在我们身上消失，孩子永远是我们最好的心灵导师。看着他们露出艰涩的表情吃着自己亲手烤制的食物，不要以为幸福感只有你有，宝宝更有！

只是，边吃边等，边等边吃的烧烤会延长我们进食的时间，大饱一顿下来，各种美食尝尽，太阳已经从东边升到了头顶，是时候找个青草茂盛的山坡，小憩一觉了。

让那些有“择床”“睡前吵闹”“环境嘈杂睡不着”症状的宝宝们快点成长吧。一个爱玩儿的孩子必须有优秀的“排除万难快速睡着”的气质，爬爬垫一铺上，遮阳伞一撑，孩子往上一趟，唱首童谣或者喝一点牛奶，三下五除二就睡着了。没有1~2个小时不醒，即使中途醒了，撒个尿继续睡，这才是“穷人家的孩子早当家，贪玩的孩子会睡觉”。

D. 划船

宝宝睡觉的时间足够让爸爸妈妈们大快朵颐，吃完了还有时间拾掇拾掇，清理干净，稍事休息准备下午的活动。

不午睡的爸爸前去湖边预约两条船儿，等宝宝一醒，就有划船活动等着他们。在船上吃个小点心，心思活络起来，跟爸爸玩诗歌接龙的游戏，然后弃文从武，和爸爸合力划船，他们拿着船桨会感受到水的力量。

电动船有什么意思？这种可以通过自己的力量，让船前进后退，向左向右的木筏才最有趣。坐在船上，每一个现象都是最好的老师，他知道当我们希望船向右转弯的时候，要在船的左边划水，反之在右边。

【森林里的晚餐】

森林公园的出游会让孩子忍不住要尝起烧烤食品，但是可能引起宝宝肠胃不适的食物，还是要浅尝辄止。森林公园的晚餐，最好安排素食与水果、粗粮等，帮助消化，有益健康。

森林公园虽没有美丽绝伦的风景，却值得我们为之安排两天的行程，因为第二天可以爬爬山，也可以从森林公园出发，去往更远一点的小山村里体验体验农家生活。

孩子才不跟你拼体力

然而，第二天的行程，我们在安排上疏忽了一点，那就是：孩子的体力问题。

话说如今的宝宝都是四老带，而孩子的体力等于老人体力的四分之一，计算公式如下：

老人的体力分配

<table>
<tr><td rowspan="4">老人的体力</td><td rowspan="2">1/2 维持自己的生活</td><td></td></tr>
<tr><td></td></tr>
<tr><td rowspan="2">1/2 带孙子</td><td>1/4 照看孙子</td></tr>
<tr><td>1/4 抱孙子</td></tr>
</table>

所以，孙子的体力=老人体力×1/4

一日游宝宝虽然可谓是玩得游刃有余，可那是需要第二天合理休息来保障的。一旦第二天也安排了活动，甚至是爬山、行走这样的活动，小家伙就要打退堂鼓了。

尽管在家训练多时，走路不要妈妈抱，到了两腿发软的时候，还是不得不向妈妈求助。

问他：“小袋鼠的诗歌怎么念的？”

“小袋鼠，不害臊，走路还要妈妈抱……”

平时念得一身正气，到了紧要关头，意识到问题，连忙改口：“……我不是小袋鼠，我不是小袋鼠，我要妈妈抱。”

仔细计算下，宝宝从出门到第一次驻足申请妈妈抱，他走了不到800米，这相较于他平时能走2000米不喊累的记录相差太远，而且我们也不希望孩子一求助就施予援手，让他完全体会不到“努力”。

因为事先有过约定，说好不能耍赖，我稍微提醒他后，他坚持自己走。

可是他并不会气喘吁吁，他看起来就跟没事人一样，却是真的“走不动了”。

我坚持不去抱他，他站在那里，不敢哭不敢闹，只是默默地小声地说了一句：“我站不住了。”

回看我们走过的路，虽不至于是陡坡坎坷路，却也是在爬山，3岁的宝宝难得如此理智地向我发出请求，我这才正式妥协，不得不承认，孩子是真的体力不济了。

由于这种小长途的旅游宝宝经验不足，且从前都是第一天安排体力活，第二天安排舒适游，我们没有注意到孩子第二天的体力会如此不足。

当孩子叫累后，我们的行程也就宣告结束了。我可不敢想象如何抱着30斤的娃娃爬山，只是，为避免重蹈覆辙，一些方法和理念需要得以传承。

首先，培养孩子的体力是近半年的重中之重。

如今大多数孩子都住着电梯房，出门就是电梯，下了电梯就上车，每天走路的机会是少之又少，即使和孩子们一起在院子玩，也大多以静态游戏为主，稍微追追跑跑的，就会家长以“恐防摔倒”而一再叮嘱“慢一点，慢一点”，就连有时候我跑两步被宝宝看到，他都会效仿着外婆的样子叮嘱我：“妈妈慢一点！”孩子们逐渐丧失了生活中可以运动的各种契机，他们尚未成为书生，就已经变得文弱。

其次，做更科学的行程安排。

从前的安排不是刻意的，有了这次教训，往后的安排就要尽量科学起来。两日游里务必要安排一日的活动比较轻松，另一日则可以相对损耗体力，把需要体力的活动安排在头一日，既有利于第二日体力不济也能参与轻松休闲活动，也对周一上班有一个较好的缓冲时间。不过依然会有体能过差的父母在参与了第一日的运动后，第二日显得力不从心，实在是太久没有运动，稍微运动起来恨不得就要睡三日来恢复体力。那么，只能说，为了避免宝宝如此，从小就开始培养吧。

最后，给宝宝准备代步工具。

3岁以内的宝宝外出完全不带代步工具其实是有风险的，除去体力不支以外，他们的依赖性和“习惯”都会令父母在某些时刻不知所措，备一个轻便的代步工具，可以解决一些突发状况，还是值得和有必要的，视宝宝的表现来增减这个设备。

总之，当宝宝叫累的时候，我们可以适当地锻炼他，让他懂得努力，让他有机会领略体力不支所造成的疲倦，这是他们人生不可或缺的感受。但是，一定不能强求宝宝，比如有些妈妈会觉得宝宝是在耍赖而一个人继续往前走不管他，最后他哭着爬着追上来，这样既打击了他幼嫩的内心，也可能给他的身体造成不必要的伤害。

“宝宝，我们比一比谁能坚持走得更久，更远吧！”对于懂事又执着的孩子来说，这样的测试会让他们有机会逞英雄，一旦伤害身体就不好了。当然，对于量力而行的宝宝来说会是个好方法，能鼓励他们走得更远。可是，对于百分之八十的宝宝来说，此法无效，累了我就要哭要抱。

所以，酌情使用此法激励孩子吧。

边吃边玩乐趣多

对于远距离自驾游而言，最大的快乐到底是什么？

爸爸回答：“带孩子见识新鲜的东西。”

妈妈回答：“在父母的保驾护航下，带宝宝体验尽可能不一样的生活。”

宝宝的回答：“一整天都用来边吃边玩。”

不赋予旅游太深层次的涵义，出去玩就是简单地玩儿，什么样的风景，看一百次，每次都还是不同，而孩子总能在那不同的大同中找到自己的快乐，让他快乐其实真的不需要做得太多，去三次森林公园，他三次可能只干同样的事，却每一次回来都说开心，都说还想去，这就是旅游最美妙的结果了，不是吗？

那是我们第三次去森林公园，这一次，没有任何的行程，除了带了钱和一些新鲜的食物外，什么复杂的行李都没有就出发了。想着，吃吃喝喝玩玩闹闹就回家了。结果，那一次，是宝宝最开心的一次。

我们早上8点出发，路上有点小堵车，没关系，路过有名的好吃早餐一条街，索性把车停在那里，认认真真地吃一顿早餐。早餐很少吃外面食物的宝宝也是难得开荤，吃得好不惬意。

吃了半个小时，正好错开堵车高峰期，再上路，交通已经顺畅很多。

因为是周末出游，像我们一样出游的人也不在少数，每次停车休息的地方，总有和我们一样的小家庭在路边休息。

一开始都是爸爸先和人家攀谈上，我们才靠拢，试过几次之后，爸爸再无用武之地。小家伙只要一看到对方家庭里也有孩子，无论性别和年龄，便主动凑上去，冲人家笑，或者叫人家哥哥姐姐。

我喜欢他这样开朗、大方，不像老人们说的“孩子们关门闭户地养着，都越来越不擅人际交往了”。

四个小时的车程我们足足花了五个多小时才到，幸好熟悉了这一切的宝宝能在享用了丰盛的早餐后熬到12点半才吃午餐。简洁明了的午餐过后，他在宾馆里舒舒服服地睡上一觉，下午醒来我们便开始爬山。

这次的爬山，没有任务，没有尽头，每人背着一个包，装上吃的喝的，沿途累了就停下来吃吃喝喝，然后继续上路。跟路边的花花草草玩儿，跟森林里的大石头对话，跟偶尔从脚边爬过的巨型蚂蚁聊天，喂他们吃自己吃剩的饼干末儿。不知不觉，宝宝竟然一个人走上了半山腰。

他还有兴趣，也还有体力继续往上走，可是我们决定返程。

让孩子保留至少百分之三十的体力为明智之选，否则整个下山过程父母都要背着或抱着孩子，既不安全也令父母疲惫。

返程路上，受到重力影响，我们的速度要比上山快很多，但是依然保持边吃边玩的策略。

我们玩一个游戏，我说："宝贝儿你还记得我们刚才上山的时候在哪里休息过吗？回去的时候我们依然在那里休息好吗？"

宝宝非常认真地观察路径，生怕错过了我们上来时候休息过的地方，也就忘记了疲惫的感觉，一路前行。

因为之前没有太过在意，走了很久他都没有指出一处我们曾经休息的地方，直到我们在某个石头附近停下来，他看到他撒过的饼干屑，他惊喜万分，几乎语无伦次："妈妈，爸爸，它们在这里。"

在寻找过往踪迹的游戏中，我们不知不觉就回到了山脚，时间正好，吃个晚餐，赏个月，奔波了一天的小家伙晚上很快就睡着了。不用哄不用管，倒在枕头上，就安静地睡了，早睡的孩子更容易早起，第二天继续这么吃吃玩玩，愉快的旅程也就这么简单。

附：边吃边玩的好处

A. 缓解疲劳　B. 不断补充能量　C. 占用注意力让人意识不到疲惫

STEP. 5 [江滩出游攻略]

妈妈！
这里有好多水！！！

有些人生活在有海的城市，有些人生活在有江河湖泊的城市。尽管，很多时候连我自己都向往海洋，恨不得带宝宝早早地就去见识它，可转念一想，何不先让他和江河成为朋友呢。

大海有它的浩瀚和澎湃，江河也有自己的柔情和蜜意。

给宝宝买了多时的玩沙工具一直摆在茶几下面，很少有机会拿出来玩，即便是拿出来也都是玩些乒乓球、绿豆什么的，干玩儿。夏天才敢给他买些小金鱼蝌蚪什么的养起来，让他与水亲密接触，却总玩不到两三天便全部玩完。

铲子、勺子与小桶之间的关系，很尴尬。

于是，尽管家附近有未开发的原始江滩，我们还是打算给宝宝建立一个更美好的江滩记忆，带他去更远更美的江滩。

不是旅游的季节，所以即便是江景最好的房间都只是白菜价，而且很多服务都像是“专供”一样，酒店的花园犹如我们私人的园子，孩子在那里恣意地玩耍，无人打扰。

一觉醒来，爸爸带着宝宝鸟瞰长江。大桥上的车来车往都像蚂蚁一般，场景的真实与生动让宝宝很快便学会了“比喻手法”，见人就说汽车就像小蚂蚁一样。

吃完伺候周到的早餐，我们便去花园和江滩玩耍，阳光强烈的时候我们就到花园里避暑，纳凉，等到阳光趋于温和，我们又赶紧回到江滩嬉戏。

江滩由近及远分为两个部分，与水相接的地方有窄窄的沙滩，区别于海滩细腻的沙粒，江边的沙子粗而糙，穿着鞋子踩上去发出咯嘣咯嘣的响声。但无论如何，江滩承载孩子们的梦想，宝宝一蹲下，道具一上齐，就能自顾自地玩起来，管你们要不要在一旁过过二人世界，有桶有铲子有沙子和水，我足矣！

所以说，孩子们并不是不能独立，只是他们没有遇到充满兴趣又能独自驾驭的事情，一旦找到了，他便真的不需要父母在一旁打扰了。

而江滩的另一个部分则是高高在上的河边走廊，水泥地接连大理石，孩子们在这里追逐、溜冰、玩球类运动等。襁褓中的婴儿在此散步，接受新鲜空气；更大一点的孩子们相约在这里游戏，江滩是孩子们自由的圣地，在这里，只用远远地守护他们的安全就好，不用参与和管束。

几样值得带到江滩的好玩伴，在此罗列5种：

1. 卡车戏水套装（它最最适合的是海边，不过对于生活在内陆城市的儿童来说，它依然是魅力无法挡的TOP1）

2. 各式电动童车（江滩提供的空旷场地其实也是非常适合宝宝们来这里“飙车”的，关键不要冲进江水里）

3. 溜冰鞋（大孩子们的溜冰圣地当属江滩了，笔直的水泥路面，光滑平坦，太适合孩童们的溜冰练习和比赛了）

4. 望远镜（眺望对岸、仰望架在江面上的大桥……他们喜欢透过望远镜观察这陌生的一切）

5. 风筝（它是情侣们的最爱，却不是只会看不会操作的孩子们的超级伴侣，作为聊胜于无的道具，它还是略胜于鸡肋游戏产品的）

【注意事项】

1. 夏日最好避开阳光直射的时间段去玩，春秋则要涂抹厚厚的乳液，否则江风很快把宝宝的笑脸吹成橘子皮。

2. 在江边行走要注意防滑和跌倒，江滩的沙石可能划破他的脸。而河边走廊是直型的，溜冰、奔跑的大宝宝容易撞到小孩子，尽量靠边玩耍。

3. 不要随意脱穿衣服，热的时候，江滩虽然气温高但江风悠悠，不恰当地脱穿可能感染风寒，及时拭擦背后的汗液还是有必要的。

就是要到水里去

夏天到江滩玩成了“老客户”后，即使是春秋，小家伙一来到江滩，也会条件反射地要脱鞋子、脱袜子往水里冲。

不要急着去责备孩子，在他们眼里，这只不过是“洗个痛快澡”的事儿，反而为何会引起父母责难，这令他们十分不解。

从前不是你们非要逼我下水吗？爸爸举着我，妈妈唱歌跳舞的，逗着哄着把我放到台阶上坐着，把脚放到水里，怎么现在我主动这样做了，却遭到你们的反对呢？这不对，这不对……于是声嘶力竭地哭。

带宝宝出来玩最担心的就是，好心换伤心，我们也万万没想到，当他有很多玩具选择的时候，他会选中“下水”这个选项。秋风习习，娃娃大哭，眼睁睁地看着他豆腐般嫩的脸蛋儿在风中裂掉。

三招有效招数，哪一种最对宝宝的胃口？

招式一：如你所愿

曾经有一次，老家门口种的柿子树结果了，因为无人料理自生自灭好多年，结出柿子已属奇迹，个小涩口，仅供观赏，完全不可食用。爷爷却还是爬到树上摘下几个来给宝宝把玩，不知是谁提到这是个可以吃的东西，小家伙就铁了心要吃它。先是想尽各种办法打开吃，被阻挠，哭得不依不饶。当他还是“裸机”一部的时候，说理是毫无用处的，我索性拨开了给他吃，他啊呜一大口，小脸立马皱成一团，眼泪快要掉下来，从此再听到、看到那种迷你柿子皆视为“恶魔”，许多错误的事情只有他自己体验了才记忆最深刻。想要在乍暖还寒的春天下水？可以，最简单制止他的办法就是如他所愿，我给他脱了鞋袜，才刚一涉水，他就缩回来了。可他依然不愿意罢休，觉得那可能只是错觉，过了一会儿再尝试一次，三次过后，方才打消了念头，冻得通红的小脚，我赶紧用随身携带的保温瓶倒出热水给他洗涤。

代价：当天就流清鼻涕，不过小病小痛没关系，寒风涉水的感觉他体会到了，又多一个常识，也不错。

招式二：南水北调

孩子的目的就是玩水，那么，只要我们想办法把水弄给他，就能平息他的脾气。小桶的功用是时候发挥了，爸爸负责用小桶去江边给他提水过来，他便可以将它们倒到沙子垒起的小山丘上了。一轮完毕，再来一轮，反复几轮过后，小堡垒这边水流成河，宝宝也开始自动珍惜用水，抬来的水桶他一次只倒一些在堡垒上，然后用新的沙子继续砌扎实，再来倒水。同样是玩水，改变了一种策略，依然有意思，宝宝自然而然就投入了，问题迎刃而解。而且，让宝宝将焦点从江里转移到眼前的堡垒上，他联想出再多的花招都只是针对沙子的，就不会涉足冰凉的江水了。

招式三：替身

不深奥的沟通，在关键时刻很有用。

问宝宝："你想要下水是不是？"

"是。"

"这里有很多泥巴，把脚弄脏了怎么办？"

"不脏。"

"我们先用工具试一试，看脏不脏好不好？"不等他回答就把玩沙工具放到水里，舀一勺带着泥土的江水，给他看——"哇，好脏！"

他的坚持在担忧面前大大地退缩了，尽管他仍然很想玩，却不想用脚去碰触他们。这时候，我们再把勺子给他，他立刻就在摇摆中找到了平衡点，学着妈妈这样舀水玩，既可以玩水，又不把脚弄脏，太好了！

宝宝想以身试水，我们完全可以给他找个替身，或者是勺子，或者是叉子，只要让他拿着放到水里玩，他都是高兴的。

孩子往往会在错误的时间做一些习惯性的事情，那不是错误，那只是孩子认知不全面所导致的结果。一开始我认为是孩子调皮，会管束他。当我意识到这并不利于孩子对于知识的掌握，反而影响性格养成，对事物产生不端正态度后，我改变了教育方式。每一次旅途中，孩子都会频繁地发生类似状况，良好的方法能让他们通过感受学到知识。

江滩早晚大不同

在江滩逗留了一整天，能看的能玩的都要了个遍，晚上可以安心坐在宾馆里休息了，打算第二天再玩玩就回家了。可是，一家三口坐在宾馆的观景阳台上，很快又心痒了。傍晚的江滩出现了完全不同于白天的另一种风貌。

江边装点的彩灯随着太阳的落山悉数亮起，像一根根晶莹的棒棒糖插在海绵上，江中有观景游轮驶过，鸣笛声飘散在夜空中，江对岸的灯光倒映在水中，浮现出一条条彩色的波澜。童话里的意境骤然真实起来，宝宝看呆了。

“妈妈，那是什么？”

我告诉他，那是轮船，因为人们要过河，却不能走过去，就只能坐在轮船上，由船只运到对岸去。

“妈妈，那我也要去对岸。”

爸爸答应下次带他去坐轮船，他继续问：

“爸爸，那是什么？”

爸爸告诉他，那是大桥，是我们白天看到有很多车开来开去的大桥，晚上天黑了，桥上面开了很多灯，所以看起来就是这样璀璨漂亮。

问了一连串的问题后，终于还是忍俊不禁，全家人继续去游江滩。

夜游江滩最适宜于夏日，有风不热，而只要我们不停止行走，蚊虫也还算好，给宝宝抹上少量的防蚊液即可去散步。

铺大理石的江滩走廊上，有婆婆妈妈们唱歌跳舞，热闹非凡，因为朴实民众化，宝宝也乐得跟在一旁跳。在家总是只能跟着电视上学学流行的骑马舞，在这里可以现学现跳，参与感十足，令他十分兴奋。

当然，他最在乎的轮船和大桥，我们得以更亲近地指给他看，俯瞰时渺小的景物，在平视、仰视后终于矫正了认知。他看到轮船上灯火辉煌，有人在甲板上举行活动，他的兴趣就更浓厚起来，五光十色对他而言是一种莫名的吸引。

晚上依然有大叔在放风筝，千条腿的巨型风筝在一次次升起，有别于白天的风筝。它们都点上了灯，星星点点地徜徉在夜空中，似乎每一颗都在跟宝宝招手。他按捺不住了要去给大叔打下手，他说："我给你帮忙。"

然后，非常轻非常轻地帮大叔拿起后面的风筝，像个能干的帮手，似模似样。因为陌生，而不敢妄为，为了讨好，而轻手轻脚，亦步亦趋，我忽然感觉到他在试着与陌生人进行深度的交流。不像旅途中遇到的那些小朋友被动等成年人来逗玩，而是他有意通过交流来完成某些事情，达到某些目的，这是更深层次的交流。

夜里的江滩，没有了骄阳的烘烤，变得愈发温婉柔情。我们可以放松心情去散步，欣赏星光灿烂的夜景，偶尔停下来关注一点小事物，总之一切，由宝宝来决定。

STEP. 6 [主题游乐场攻略]

妈妈！
这里有好多好玩的啊！！！

有一段时间，我非常热衷于室内主题游乐场，你知道，就是宝宝刚刚学会坐，能和父母进行简单精神层面互动（喜欢和人玩儿）的时候。我迫不及待地带他去各个游乐场玩，每次都经受不住营销人员的推荐，给他办卡。

结果却是我热脸贴了宝宝的冷屁股，他不爱这些，他冷漠地看着热情如火的游乐场，眼神毫无荡漾。

又有一段时间，我开始冷静，甚至冷漠，深思之后觉得有些游乐场的卫生条件不过关，也的确见到很多生病的宝宝穿梭其中，容易交叉感染，而从不带孩子经过游乐场。因为1岁左右的小家伙已经开始对它萌生兴趣，小朋友们在里面HIGH，他就在外面雀跃。

再后来，几个家庭约着一起出去玩儿，孩子们得以在游乐场里欢聚一堂，每个孩子都看似兴奋地冲了进去，可是根据观察，我发现常常来玩的小孩对于各种器械的熟练程度已经不只是年龄的优势了。

1岁的蔻蔻能在一分钟内完成两次爬上楼梯从滑梯滑下来的行为。而同样的时间，我们家宝贝儿还无法完成一次下滑，一条腿还被撇在后面，以至于坐在滑梯的顶端却不敢自行滑下来，四处找妈妈。

不仅如此，爬楼梯的速度、行为频率、身体灵活度等都比蔻蔻差很多。对于两个孩子从前都没有玩过的一个转盘，蔻蔻可以敏捷地爬上去，而宝宝小心翼翼，步步惊心。

我意识到，主题游乐场除了是孩子们玩乐的天地外，它真的具有另一重涵义，就是锻炼宝宝的肢体协调能力和灵活度等。

玩和不玩，有很大的差别。

此外，玩的时间也有很大的差别，此理等同于带宝宝游泳。从小就游泳的宝宝长大了不怕水，而从小没游泳的宝宝，丢到水里要哭闹害怕好久才能适应。

尽管后来给宝宝又办了卡，隔三差五地就带来玩儿，效果还是非常不好。他对于一切器械都不害怕，不拒绝了，但总不够敏捷，尤其是稍微有难度的器械，他就动作非常慢，准备工夫要做好久。

更为重要的一点是，主题游乐场非常锻炼孩子的自主能力。这里的所有玩具都是很抢手的，即便它不一定那么好玩，争着玩的孩子太多了，它就很难被你所占据。所以，想玩就要眼疾手快，并且自食其力。在家都是只用发号施令："妈妈我要××！"玩具就会被运送到他面前，此时在游乐场里，就需要自己一边玩一边盯住自己想要坐的玩具车。一看到有人离开了座位，就要立马奔过去，不等我赶过去，自己就想办法钻进去，甚至还没坐好就赶紧挪走，才不需要我给他任何帮忙。

室内游乐场是孩子们自己的小世界，复杂的人际关系在这里有了最原始的启蒙，因为对蹦蹦床感兴趣而聚集在一起的陌生孩子有了友谊；因为想玩海洋球却被拒之门外的弱势小孩们结伴成友去沙滩区玩积木；也有年纪稍大一些的孩子驻守在某个蘑菇亭里玩家家酒，不让其他孩子染指……

小小的孩子需要有家长陪伴，毕竟大孩子们一旦发怒起来，无意识造成的后果还是危险的。但是孩子独立的社交能力亦是重要的，比如当自己的宝宝被其他孩子拒绝加入后，难免会出面帮孩子解困，殊不知这让他丧失了独自解决问题的机会。

除了室内游乐场外，对于室外游乐场，如欢乐谷、嘉年华等，也都是宝宝钟爱的地方。出于以上各种目的，我们会不定期带宝宝去往这些地方玩耍。

不吃不喝不知疲倦

欢乐谷与嘉年华对于3岁以内的宝宝来说，游玩的条件有诸多限制，“门票免费”的另一重涵义其实就是——“可玩项目极少”。

高额票价入内，可玩项目寥寥无几，诸多项目都明文规定身高需要达到110CM方可入内。

可是，无论是室外游乐场还是室内游乐场，对于孩子们来说，吸引力都是一样的，即便是室外游乐场到最后可供孩子玩耍的只有滑梯、旋转木马等项目。

孩子们一到达这样的场合里，色彩纷繁的器械与人们在给他们的眼睛不断下蛊，让他们欲罢不能地要参与其中。说理他听不明白，来硬的惹得哭闹又不值得，反复劝说的结果可能就是小家伙可怜巴巴地站在游戏场栅栏外观望也不愿意走。

外有患，内也有忧，室内游乐场里宝宝照样能制造大麻烦。

小家伙玩着玩着就不想走了。并且，年龄渐长后，宝宝对于被“骗”的戒心越来越重，就连吃吃喝喝，都统统不要！

症状大搜集

A. 为了霸占住秋千架，任由妈妈在场外如何提醒他过来喝水，他都置若罔闻。

B. 吃饭的时间到了，却正好有一拨新的小朋友入园来，那是千呼万唤都叫不出来的。

C. 困意袭来无法再守住蘑菇房了，看到有小朋友想要替代自己的架势，就赶紧睁大了眼睛抖擞精神震慑住他们。

D. 和小朋友们一起玩蹦蹦床正在兴头上，尿意正浓，依然坚持，直到最后实在坚持不住了，才找妈妈要解决尿意，然而人有三急憋不住，尚未抵达洗手间，小便已经冲天而降。

E. 时间太晚了要回家了，他却只是从目前的道具上爬下来，然后依次把其他玩具又都再玩一次才恋恋不舍地打算走。

孩子身处游乐场，似乎有着天生的活力，可以不吃不喝不知疲倦。不过正因为孩子们一直处于兴奋状态，妈妈们从旁的照顾也就要更为妥帖细心一些了。

陪同要点

1. 给宝宝穿容易穿脱的上衣。一玩起来容易流汗，而静下来又容易被凉风侵袭，适时脱穿防止感冒；

2. 备一两条干爽的汗巾。一条背在身后，另一条放在干净的包里，不久就能看到宝宝的头发因为汗水被打成一缕一缕的，届时便可以用干毛巾来拭脸庞和额头的汗水；

3. 定时进食喂水。宝宝为了守护某个玩具或者兴致高昂舍不得离开半步，往往会忍饥挨饿，但是玩的过程又对身体能量有巨大的消耗，所以家长要注意定时给他补充食物和水分，小点心和水果都是不错的选择；

4. 游戏设备的安全隐患也是重要关注问题。有些设施防护不周全，孩子有跌倒的危险，而有些设施是不科学，孩子有受伤的危险，并且发生危险的频率还不低。家长一方面要考察游乐场的综合指标，一方面当然也是要做好自己宝宝的防护工作，最好到新的游乐场之后，带着宝宝把每个器械都玩一遍，以了解安全隐患；

5. 恰当地对宝宝进行人际关系教育。孩子在玩乐过程中势必会多多少少地和其他孩子们发生摩擦，甚至会因为势弱而受伤。自己的态度和对孩子的教育，就是形成他们最初人生观的基础，家长切勿在这种场合中为了保证自己孩子的利益而损害其他孩子的利益；

6. 千万不要任由孩子玩到太疲倦而回家。玩耍过后皮肤的毛孔都张开了，特别容易感冒。最好是在孩子感到比较疲累后，家长主动结束玩耍，逐步添加衣物，也养成孩子凡事有度的概念，不要让他形成在一件事上不到极致不罢休的倔强。

又何妨一条龙服务

总有一些时候，想要竭尽所能地满足孩子对玩的渴求，旅游的玩和到游乐场的玩于孩子而言是全然不同的玩。前者的玩是和父母，沿途的所见所闻互动更多，而后者的玩是在建立宝宝自己的世界。在某些特别的时刻里，我们也愿意牺牲掉自己对玩儿的向往而一心一意地陪宝宝，看着他玩儿。

依然是两天一夜的出行，没有选择在旺季周末，而是所谓的“闲时”。

闲时的好处

A. 街上人少，不堵车。

B. 游乐场里孩子少，玩具不用排队玩儿，孩子之间的关系相对平和。

C. 服务人员态度更好，可以细心呵护每一个宝宝的安全，家长少操心。

D. 孩子有更好的心态结交朋友。

基于以上目的，我们在休息年假的时候安排了两天一夜的小长途去往繁华的都市中心，其中最重要的一程就是带宝宝去大型游乐场玩耍。

因为一开始就做好了“长玩”的准备，我们带好了吃的喝的，甚至小被子，以供宝宝玩累了就在车里睡个小午觉再继续去玩。

游乐场的小背包

1. 数字饼干200G

2. 500ML保温瓶，装一瓶热水

3. 180ML奶粉

4. 香橙一只，苹果一只切片

5. 无奶油蛋糕一盒

6. 隔汗巾两条

7. 内衣裤一套

8. 袜子一双

9. 睡袋一条

南方的冬天比北方更煎熬，孩子穿得像个皮球，很难有锻炼的机会，所以我一直把游乐场的攀爬、蹦跳设施当作孩子的健身场所，给他从里到外穿的都是开衫，方便脱穿。一旦身子暖起来后，就给他逐步脱掉外衣，开始投入游戏锻炼。

尽管游乐场所大多有消毒举措，但毕竟是公共环境，给孩子带一双干净的袜子等他玩完了之后可以更换干净的再穿鞋走人，保持身体卫生。

吃喝用的都给他准备好之后，也并不打算用它们来代替宝宝的中餐。

冬天的午餐我们尽可能希望给他补充热食，点心和水果权当额外能量补充罢了。

这所新游乐场尽管我们从未来过，它和其他游乐场大同小异的造型和颜色既给了孩子新鲜感，又有内心深处的熟悉感。宝宝同从前一样，脱了第一只鞋还没来得及脱第二只就已经奔进去。然后，便开始了一天的“工作”。

第一轮我带着他玩儿，准确来说其实是他带着我玩儿。我们走过“迷宫”的每一寸土地，我在研究每一个容易出现差错的地方，他则是一股子劲地往前爬，找到一条路后，就削尖了脑袋往前爬，不管其他的可能。

偶尔他会回头找我，赫然发现“妈妈不见了”，于是他开始寻找……眼见他眼底流露出慌张的样子，拐到另外一条道上的我连忙叫他，这熟悉的声音令他心安。即使身处陌生的环境，只要有我的声音，就能立即安抚他紧张的情绪。我不想吓到他，打算与他“会和”。可是当我发现他渐渐平静下来，并且在左顾右盼地寻找我后，我开始反被动为主动，一次次从他可能找到我的地方离开。他边爬边检验新的路段，排除路障，我也用声音牵引着他走过更多的地方，他在勇敢地尝试“迷宫”中每一条道路。

其实，这也是我们带他来到更大更不一样游乐场的目的，他喜欢墨守成规，害怕新的尝试。所以他总是走那一条他走过的，熟悉的道路，而拒绝任何其他的可能。反而在我的声音带领下，他能变得勇敢，又或者只是想找到我的这种信念给了他勇气让他尝试。只有这样，他才能快速地了解整个“迷宫”的构造，知道没有什么可怕的，从而将勇敢变成一种习惯。

当他逐步融入后，我开始退出，而让他单独和小朋友们相处。

这里粥多僧少，他最爱的人力车，可以人手两台。我以为这样就相安无事，偏偏孩子们都对其中一辆银色的感兴趣，因为它是一辆可以载人的车，后座可以再多坐一个孩子，乖巧的姑娘坐在那里，宝宝正自豪地当着她的司机。

然而，宝宝只是被我叫到一旁吃了两片苹果，原本他当司机的银色小车就被别人给占据了。由于“争夺教育”的缺失，宝宝并不擅长和人争抢什么东西，他只是为了坐上去硬是把一只脚跨到车里，而不懂先要让对方下车。

就这样，他把自己塞了一半进去，另一半悬挂在外面。眼看占座的小男孩一掌要朝宝宝推过来，我还是按捺不住地人未动先出了声——“咦，小朋友不能伤害对方哦。”

这带着坚持的一句温柔话还是惹得人家孩子哭鼻子了，毕竟有家长欺负小孩的嫌疑。我的语气再如何修饰也无法避免声音中那股家长的气势，我深深自责，说好不去管他的事，还是情不自禁。其实被推一下也没什么大不了，即便会受伤，我更应该做的或者是劝走自己的宝宝让他免于伤害，而不是教育别的孩子。

我们把车让给了哭的孩子，他逐渐平息，而宝宝却开始大哭。他觉得自己没有错，却被夺走了爱物，不能接受！

他走到对方面前，低着头不看人家的眼睛，喃喃地说：“这是我的，这是我的，这是我的……”继续开始尝试往上面坐。对方想动手推搡他，他既不还手，也不动手，只是继续往车上挤。我防着，盯着，也不动。最后他终于还是技不如人，力不如人，被推到地上，哇哇大哭。

我劝他：“他玩一会儿就不要了，你再去玩儿嘛。”

爸爸也劝他：“这么多好玩的，他坐在车里啥也玩不了，亏大了！你赶紧去走独木桥，坐滑梯，玩海洋球啊，还有秋千……他都不能玩儿。”

不痛不痒的劝，看似无用，他依然哭，又或者有用，他哭着哭着也就自己好了，爬起来，自己又去玩了。

我和老公相视而笑，哄这种懵懂的孩子，语言大多无效。劝只是一方面，关键一方面是他自己想通，或者说是尽快找到更感兴趣的东西而忘掉不愉快，这也是孩子面对挫折的一种能力。有些问题不是非要面对和解决，也可以选择淡忘和转向。

他正在滑滑梯上冲我们微笑，能迅速转换思想，找到新的乐趣，我觉得这样也不错。滑下来忽然感觉到刚才哭了好多眼泪感到口渴，自己跑到我们身边要水喝。多好呀，玩着玩着就长大了，懂事了。

偶尔给孩子提供一条龙服务的玩耍，让他彻底地沉浸在孩童的世界里，他会学到许多我们平时教不了他的东西。

PART 4
高级篇：海陆空全接触游

【宝言宝语】

火车火车轰隆隆……
轮船轮船呜哧哧……
飞机飞机嗡嗡嗡……
妈妈，我要坐火车去看雪山！
妈妈，我要坐轮船去看大海！
妈妈，我要坐飞机去看奶奶！
我不哭我不闹，
趁我现在不买票，
请你带我环游世界吧！

我想去好多好多地方！

STEP. 1 [从坐高铁开始]

孩子也是有野心的。虽然他从未向我们提过要去更远更新鲜的地方玩儿，但是从他“故地重游”兴致不高的表现来看，这家伙腻了。

近距离经典的地方该玩的都玩过了，索性带孩子尝试尝试更远的！邻居的孩子满月就坐轮船去三峡度假了，同学的孩子半岁就跟着爸爸坐火车跑业务了，朋友的孩子也是半岁就坐飞机去成都看外婆了。咱家的虽然总在外转悠引无数小朋友家长羡慕，殊不知咱家的崽崽火车、轮船、飞机的一个也没坐过。

一个母亲最大的潜能不就是挖掘孩子的心思吗？我大胆向老公提出孩子的“想法”。结果，却直接被驳回：“他跟你说的吗？”

答案是：“当然啊！”

上个月正好给崽崽买了一套识图卡片，平时和这个心里明白就是语言不利索的小家伙沟通总会用到这个。当我把里面的“小汽车”“火车”“轮船”“飞机”等 并摆到他面前，问他 句：“崽崽最想坐哪个啊？”我成功的几率立刻就达到了四分之三。

“火车！”崽崽神速地挑出了火车头的图片。

我朝老公耸耸肩，崽崽的火车之旅即刻被纳入议事日程。

不哭不闹的有效期太短

兴奋过后，从长计议才是正经事。

去哪里玩不重要，重要的是，如何做好崽崽与火车的第一次亲密接触。

据老公长期以来的观察，他抛出一个让人头大的难题：他能保证最长几个小时不哭不闹啊？

随着崽崽的年龄越来越大，想法大大超越他的行动能力，近来脾气有愈发毛躁的趋势，变得越来越不乖。1岁以前很难听到他哭一声，反而1岁半了动不动就哭，这也要，那也要。想想在火车上要待十来个小时，会有多少哭闹伴随，勇气骤然锐减。

综合宝宝容易出现的一些问题，我们列举出以下旅行要求：

A. 最好车程不要超过8个小时，尽可能短，吃喝拉撒都能相对容易点。

B. 要有至少五种逗乐方式能把崽崽吸引在座位上。

C. 实在不行崽崽在旅途中要泼了，要有震慑得住小家伙的“武器”。

D. 订的火车票时间最好不要扰乱孩子在火车上完成一次完整的睡眠。

这样对比来看，反而趁孩子几个月的时候坐火车会更容易点，只管吃喝拉撒要比兼顾思想行为要轻松得多。

面对重重困难，我们决定退而求其次，还是从速度最快的火车——高铁开始。车程相对短一些，环境也相对好一些，对孩子来说，要适应起来也更容易点。

故事书、玩具和电脑一个也不能少

根据崽崽的作息时间，我买了两张早上10点的车票（1.2米以下儿童免票，当然也没有独立座位），下午3点到，全程5个小时，相对舒适。

订票前对比过价格，一等座比二等座要贵五十元，但是座位宽敞许多，由于孩子没有单独的座位，所以我们选择了一等座，能让膝盖上的孩子有相对宽裕的活动空间。

△行囊大搜查

必备物品	选备物品
衣服天数+2套	图书
鞋子穿1带1	识字卡片
干粮1餐	IPAD
奶粉、勺子	零食
餐具	玩具两件
有刻度的吸管杯/奶瓶	垃圾袋若干
保温瓶	棉签
湿纸巾20片×2包	创可贴
卫生纸1卷	
纸尿裤10片	
毛巾3条	
体温计	

TIPS:

（1）出去多少天，就带比天数多2套的衣服；

（2）小婴儿需要带奶瓶和带手柄水杯，大宝宝只带水杯但一定要有刻度可以兼顾冲奶粉；

（3）小孩子容易弄脏手，每次吃东西之前要用湿纸巾擦手；

（4）孩子是制造垃圾的天才，随身带些垃圾袋也是有备无患的；

（5）对于几乎不用纸尿裤的崽崽来说，10片纸尿裤是担心裤子全部尿湿而代替之用。小婴儿应按照每天5~6片的量带足，若到城市中心旅游，可带两三天的量，另在当地购买；

（6）宝宝随时有异常要测量体温，水银温度计的误差比较小，测量比较准确。

当天早上，我们6点起床，爸爸负责行李最后确认，我负责做好营养早

餐和干粮，7点半之前崽崽会自动醒来。

△行程表

07:30——宝宝早餐

08:40——出发去火车站

09:45——上火车

10:00——出发

11:00——宝宝午餐

11:40——崽崽午睡

12:00——我们午餐

13:40——崽崽起床活动

14:00——点心时间

15:00——下火车到达目的地

△候车厅的旋律

其实在高铁上，崽崽的表现还是大大出乎我们预料的。

首先，作为一名处女座的妈妈，我唠叨成性，从出发前一个星期就开始给崽崽做思想教育："妈妈带你坐火车，你一定不能在火车上吵闹哦""看到叔叔阿姨睡觉，说话就要小声点""想要什么跟妈妈说，妈妈会尽量帮你办到，如果耍赖不听话就什么都没有。"

各种"威逼利诱"，和盘托出。

事实证明是有效的。

那时候我们还在候车室等火车，人群密集的地方总能看到小朋友们拿着各种吃喝玩乐的东西在眼前晃来晃去。小姐姐拿的泡泡水他想要、小哥哥拿的冰汽水他更是拼了命也想要、就连懵懂小婴儿推车上的一只摇铃他也表示出莫大的兴趣……花花世界诱惑多。即使是那些他平时玩腻的玩具，在这个新鲜的候车室里出现，就似乎有着特殊的意义。

换作平时，他一定会玩泼耍赖耍各种手段想要获得。然而在候车厅里，他每每打算发脾气，只要一听到月台上传来“呜——吭哧吭哧”的声音，再搭配上我万变不离其宗的一句“火车来啦”，他就变得异常安静，等待一睐火车的庐山真面目。

我知道，在他心里充满了期待，这个期待足以化解任何的欲望。

就连一泡正要撒出来的尿，都在听到火车鸣笛后憋了下来，直到鸣笛音结束，才哗啦啦给释放了。

9:45，火车准点到达，我抱着崽崽，老公浑身背满行李，我们排队进站。

在崽崽兴奋的尖叫中，我知道，他终于将图片上的火车与眼前真实的火车形象合二为一。他的笑容和兴奋让我更加肯定了带孩子旅行的意义——成长。

△火车上的中餐

既然是辣妈，怎能没有两把刷子，为了带宝宝出远门也能吃好喝好，我特意在网上学了点做干粮的小手艺。这次出门，带了崽崽最爱的牛奶饼。

材料：鲜牛奶、面粉、白糖

制法：取鲜牛奶100ML，面粉一勺（适量即可，边做边掌握分量），用牛奶和面，呈稀糊状，拌入白糖，醒五分钟。然后将小煎锅放在火上受热，四面均匀，将拌好的面糊倒一勺到锅中，用干净汤匙沾水后迅速把面糊摊薄（手艺赞的辣妈可以直接通过摇晃锅把来摊薄面饼），面糊稀一些，摊薄这道工序则容易些。由于饼薄锅热，很快就熟了。用木铲轻轻铲起面饼，翻个身，再烙上一分钟即可。

平日里给崽崽吃得少，所以在火车上刚一打开牛奶饼的袋子，小家伙就激动了，一手抓一片，大口大口地吃起来。散发出浓浓牛奶香气的面饼软软的，入口有些许甜味，一向热爱奶制品的崽崽当然无法抵御，越吃越爱。三张饼吃得剩下半张，接着爸爸冲好120ML牛奶，送服牛奶饼，亦润滑喉头。

奶足饭饱的小家伙终于感受到早上奔波火车站的辛苦，边喝牛奶，边靠着我的手臂睡着了。

最好让孩子在午餐时间之前睡觉，这样能避免其他乘客午餐时小孩带来的诸多不便。例如活泼好动的孩子撞到其他乘客的热饭热汤给烫到，而且会导致父母没办法专心吃饭。

△当好奇慢慢结束

刚上火车的半个小时，崽崽大多沉浸在新奇的环境中，内敛地、小心翼翼地用眼睛来认识这个新环境，相对会表现得乖巧安稳。然而，经过了一段时间的熟悉，并且吃饱睡好了，当崽崽再醒来的时候，他才是真正的崽崽了——恢复到日常生活的好动、调皮、大胆。

两个小时的睡眠结束后，崽崽准时于1：40睁开了活力无限的双眼，如同打了鸡血一般，小家伙开始他的探索之旅。

首先是研究座位，沙发背后袋子里装了些什么东西，全部掏出来，一一检查，然后全部扔在地上，用脚踩住。

其次是跟周围的叔叔阿姨们打招呼，抓别人的包包，拉前座的头发，吵醒正在睡觉的叔叔。

按照爸爸“兵来将挡、水来土掩”的战略，此刻我该拿出“武器”了，那就是特意为他带来的玩具若干。当然，这玩具不能是他平时在家玩到腻的，都是我为了旅行刚买的——小巧、轻便、体积不大，要满足这几个条件，并且符合老公的要求：品种达到五种，换着花样他才玩不厌倦。于是，我思索再三后，买了IPAD，下载了上十种儿童游戏。

这样，崽崽的火车时光有了全面的安排。

第一个10分钟：爸爸抱着崽崽观察窗外景色，有树木、有河流、有动物……现实场景的看图识物，崽崽兴趣高涨，但是持续时间不长，10分钟是个极限。

下一个10分钟：妈妈带崽崽上洗手间，长大的孩子你想让他尿在纸尿裤里，他的条件反射已经不允许，必须要找厕所。带他见识见识火车上的厕所与洗手池也挺有意思，一个来回，差不多10分钟。

再一个10分钟：IPAD游戏，爸爸指导或者二人对弈，在他理解范围之内的，兴趣很大，玩了就不想放手，还是要控制在15分钟左右，以免影响宝宝视力。

无限循环的10分钟：看图书、看卡片、听广播、和周遭的旅客们聊聊天，也吃吃开胃的小零食，然后玩玩游戏。我们故意将他的时间安排得满满的，而不让他感到丝毫的无聊，希望他和火车的第一次亲密接触有个好印象。不知不觉，5个小时的车程下来，崽崽果真是一分钟也没有哭闹。

我在他的旅行手札上甜蜜记下这一项新的纪录。

每次中途到站，爸爸都会不厌其烦地告诉宝宝，现在到哪里了，还要坐多久才到达我们的目的地。进站、出站每个细节都一边指着窗外一边向他描述，他说这样孩子才知道自己坐的火车到底是什么东西。

STEP. 2 [吊桥你敢不敢]

旅行在外，总会遇到些挑战，比如——吊桥。从前旅游景区里的吊桥常常因为太长或者太窄而被我们放弃，直到有一次我们去参观中山舰，景区里有个相对短小的吊桥。远远的，宝宝就对它萌生了兴趣，张开小手，像只蝴蝶一样飞过去。

不过可惜，当他走到近处后，还是以“傻眼”收场。

这可不是他在游乐场里司空见惯的游戏吊桥，尽管它们看起来神似，当然构造什么的都差不离。可唯一的区别就是游乐场里的吊桥下面有柱子拖着，而这里的吊桥……下面空荡荡的！甚至，有一条水流湍急的河！

宝宝连忙跑回来，想当作什么事也没有发生一样，拖着我的手准备绕道而行。

这一次，我们却不打算放过他。

彼时，正有一群大孩子们冲上了吊桥，在上面欢笑，嬉闹。他们的手都紧紧地拽住栏杆，两条腿却像弹簧一样在吊桥上摇摆着，给桥身带来一阵阵剧烈的抖动，宝宝明显更害怕了。

设计师们终究是仁厚的，没有什么风景是必须走吊桥才能看到的。我们有很多别的道路可以选择，却不知怎么的，一向不爱冒险的老公出马了，他问宝宝：“你敢不敢上去试一下？”

我们从未鼓励过他做任何冒险的事情，我们希望他尽可能平庸而快乐地生活，不需要去面对无味的挑战。

眼前这座吊桥，看起来不足50米，且摇摆幅度不大。爸爸为了安全起见，自己上去走了两个来回，一来是给宝宝做示范，二来也是故意制造晃动来感受它可能带来的惊恐。当他确定风险极低后，他也开始在上面做些搞怪的样子，逗宝宝，激发他的尝试欲望。

2岁的孩子是完全不怕被激的，他并不打算和父亲较劲，依然拉着我的衣袖要求绕道。

终于，爸爸做出了冲动的选择，他抱起孩子指着山前飞过的一只小鸟，说："宝宝你看，小鸟都飞过去了。"说时迟那时快，他已经加紧步伐把宝宝运到了吊桥中央。

宝宝笑着回过神来之时，眼睛顿时蒙上了雾气，他，哭了。

进退两难

此刻，他最需要的，不是别的，竟然只是——妈妈。

他拼了命地叫妈妈，我如光速来到他身边，进入我的怀抱，他瞬间就好了些许。哭哭啼啼之间，倒是悄悄用眼神观察起周围的环境，栏杆有多远，桥有多高，水有多深，前面还有多远才到对岸……

他若有所思的哭泣断断续续的，贼溜溜的小眼神充满了考量，十分可爱。

我们没有哄他，如果用哭能发泄出他的恐惧，那又有什么理由去制止他哭呢。等他哭到快要自动结束的时候，不等他说话，爸爸主动询问："我们一起走到对面去好吗？"

"不——"宝宝显露出我们未曾见过的果断。

爸爸贼兮兮地笑了，他说："那好吧，我们只好回去咯。"反正，我们现在正站在吊桥中央，无论前进还是后退，都是一样的距离。

我尝试着把宝宝从怀中放下来，他却不知在何时学到了一套无尾熊的功夫，缠绕在我身上，丝毫不得离。

宝宝终于发现，回去也不是那么容易的，一看来时的路，他就紧张地愈发拽紧我的衣服，嘟囔着："我不走，我不走，妈妈抱。"

由于吊桥不是什么风景的必经之地，人们看到一个孩子在这里哇哇大哭也就绕道而行。上桥的人越来越少，我们索性一家三口席地而坐，好好商讨计策。

爸爸开始给宝宝做选择题：是前进还是原路返回？怎么选都可以。

就在坐下来这一系列的动作中，我渐渐安抚住了宝宝从我身上下来，独自坐在我和爸爸围起来的安全的小圈圈里，他很放心。甚至，坐着坐着就开始心思活络起来。

这道选择题宝宝花了五分钟，还是一样的答案——退回去，唯一不同的是，我已经成功“卸货”。他在选择的过程中逐步疏忽掉了我这个“树桩”，再起身的时候，看到有大孩子自己跑过来，他也就站起来开始自己走。

回忆里存着勇气

TIPS：

1. 尽管我们期望的是能锻炼宝宝的勇气，但是安全第一不能忘，吊桥存在一定的危险，必须父母各执一手，分居孩子左右两侧，做好随时保护。

2. 尽可能通过家长的力量，控制住吊桥的剧烈晃动，一旦宝宝掌握不了平衡有频繁摔倒之势还是应该及时抱起宝宝。

宝宝走得步步惊心，一看到远远的有其他人走吊桥，他会非常敏感地感觉到吊桥发生了新的波动，于是变得异常紧张。

我知道，他随时都准备好了掉眼泪和哭泣，我赶紧又再蹲下来。从过往经验来看，宝宝是非常期望爸爸妈妈蹲在他身边的，他能在这种紧凑的氛围中感觉到被保护。他顺势勾住我的脖子，身子贴过来。

这时候，多么需要一个励志的故事，可是故事大王的爸爸因为生气而疏远着我们，我的脑海里竟然不断浮现出宝宝在游乐场玩耍的画面。那里的吊桥他总能凌波微步地掠过去，所谓熟能生巧，最初他又何尝不是害怕过那座小吊桥呢？

于是，一个励志的故事油然而生……

宝宝，还记得妈妈带你去过的那个有吊桥的游乐场吗？它也是像这样晃动对不对？

“不对！”他反应非常迅速，语气也十分坚定。

我问他：“那游乐场的吊桥晃不晃？抖不抖？”

他点点头，但是又觉得哪里不对，接着补充了一句：“一点点抖。”言下之意就是这里是非常抖。

“一点点抖动你就不害怕了是吗？你每次都一个人飞快地跑过去对不对？”

“对!”

“你一点也不怕它对吗？”

“对。”

“这个吊桥很抖，你就很怕对不对？”

“对。”

“那爸爸妈妈牵着你，你在中间走，我们让桥只是一点点抖，你就不怕了对不对。”

“对。”

“好，那我们试试看吧。”

说着我便缓慢起身，老公从另一边不着痕迹地轻轻握起他的另一只手，我们开始逐步向桥对岸挪动。

远处有人们朝桥的方向走来，届时又会有剧烈的晃动。为了让宝宝不再一次受惊，我开始继续引导他：“哇，宝宝自己可以走吊桥了，而且走得好稳哦。”

看到儿子终于有了勇气的爸爸，也露出笑容来，在旁边帮腔赞扬孩子。说他学习能力强，一会儿就从不会到会，从不敢到大胆了。

“你看那里有人要上来了，我们一起晃动吊桥来吓唬他们好不好？”孩子总是希望爸爸妈妈能同自己一起做“坏事”，这比赞美他更令他感到兴奋。

他窃喜，连连点头说好，然后做出开始蹦的样子。

当然，我们并没有参与这个“恶作剧”，只是算准了宝宝刚开始晃动那一群人就上来了。桥身因为承载了新的重量而开始晃动，却没有再给宝宝造成恐惧，反而他以为是自己引起的，听到那群人传来“WOW！WOW……”的声音，他高兴得不得了。

干了坏事，担心被后面的人追，他加快步伐走过了吊桥，回头望着大家哈哈大笑。

看着他那调皮的模样，老公不得不感叹：“还是妈妈有办法！”

其实，那个鼓励宝宝自己过桥的办法本来就是老公给我传授的。从前他跟人谈业务总是找不到方法，尤其是面临签约的时候，对方总有各种问题，因为节奏在别人那里，对事情仅有的20%的认可度会被80%的疑虑所覆盖，而自己就更难占据主动。获得主动最快最有效的方法就是根据对方的心理设问，并且将所有问题都设置为对方只用回答“YES”的问题。最后，随着边缘问题进入核心问题，在最后那个最关键的问题上，由于惯性的作用，20%的认可度却可以将80%的疑虑给覆盖掉。对方的思维和语言都进入到“YES”的环境中，这样眼前的问题就解决了。

孩子在敢与不敢之间并不是0:100，只是恐惧占了上风，勇气被压抑。我所做的只是撩拨他的勇气，让处于劣势的勇气随着记忆里的胜利转而成为优势，一鼓作气，孩子迈开了第一步，后面也就好办了。

昨天走游乐场的吊桥让宝宝积累了今天的勇气；今天走真实的吊桥又给宝宝积累了新的经验；明天，这些勇气和经验都将供给他面对生活的挑战。

尽管我不主张强求孩子去接触有难度、害怕的事物，但是旅程中遇到这些并不大的困难，多一些尝试总是好的。它不是我们人为制造的挫折，而是生活迟早要送到我们面前的困难，尽可能去感受一下，没什么不好。

[挑战长途火车有难度]

当动车、高铁投入运行后，远有飞机，近有高铁，基本上出游很少有机会接触到长途卧铺火车了。

但是记忆中的长途绿皮火车给过我们很多欢乐，总还是忍不住想要带孩子去坐一坐。

宝宝目不转睛地盯着托马斯小火车的动画片可以看上半个小时不转台。我有时候也非常费解，2岁的孩子能够从这融合真实画面的动画片里看出个什么来呢？他却就是能指出高铁和动车都不是托马斯，越是风驰电掣越没有那种轰隆隆火车轧过铁轨的笨重感。

区别于在高铁上只能待上短暂的几个小时，而绿皮长途火车能给我们更多“在路上”的感受。

乘坐长途火车，就像在租一间开放式的宾馆，没有私人空间，还要在里面过上一夜。

乘坐长途火车，又像是民众大集合，可以遇到各种各样的人，并且很自然地与他们攀谈。

乘坐长途火车，要经过很多的城市，见识不同的风景和人文，尽管可能只是惊鸿一瞥。

乘坐长途火车，吃喝玩乐选择很有限，不是用钱就能随时买到所需要的。

乘坐长途火车，要有良好的平衡能力，并且适应这种走走停停运动的状态，以及火车本身的噪音。

乘坐长途火车，我们可以在过程中制造很多欢乐，却也要做好准备面临过程中的各种困难，譬如上面说到的这些……

孩子你要在大庭广众下睡觉，不惧吵闹，不惧光线，不惧陌生人坐在你的床沿。

孩子你要和叔叔阿姨爷爷奶奶以及小朋友们都打成一片，你开始拥有人生中第一批擦肩而过的朋友。

孩子你要不挑食，不纠结，哪个城市站台里有什么吃的，你都能吃，随遇而安。

孩子你还得善于给自己找乐子，我们要在火车上待很久很久，没有人会一直逗你玩儿。当你无聊的时候，你得自己想点有趣的玩法。

孩子你还要学会一点自我保护，比如别在上厕所的时候拿出心爱的玩具，当心它掉到铁轨上我们再也捡不回来。

在火车上，我们拥有更多的自由，比如可以随意走动，可以倒茶饮水，可以上洗手间，可以吃喝睡，可以聊天交友。同时，我们又受到更多的限制，每个站点的10分钟休息除了下车活动活动筋骨，吸收一点新鲜空气，买点当地的新鲜热食外，也实在干不了别的什么，还得继续回到火车上。

对宝宝而言，这些都是困难，也是一种束缚，他能否胜任这些，将决定他是否适合一次长途火车的出游。

孩子一自主，麻烦就跟来

从武汉开往大连的火车，要在路上行驶近29个小时，打着探亲名义的旅游。

如果只是旅游的话，对于年龄较小的孩子， 12个小时左右的行程较好，时间太长宝宝会不会误以为自己被“圈养”了。

不过宝宝饱受历练，29个小时虽然有点够呛，但通过他之前的表现，我们还是有理由相信他能胜任的。

火车本身属于速度快但节奏慢的交通工具，我们除了准备充足的生活用品外，食物准备得非常少，打算就地取材。

需要额外防备的东西，当属药品。

由于车厢相对密闭，空气流通不畅，对于体弱年幼的孩子尽量不要乘坐长途火车，尤其是流感高峰期。为了以防万一，我们也给宝宝带了不少的防身药物。

防身药品大集合

容器：全新软定型化妆包（既不像医药箱那样占位置，也有一定的防护性，不容易折损体温计等这些脆弱物品）

物品：体温计、退热贴、感冒贴、晕车贴、创可贴、腹泻贴、云南白药、防御液等。

主要携带简便救急的贴片药物，考虑到火车上也会有一些创伤性急救药品，能免则免，减轻负担。

我们拿到一张中铺和一张下铺硬卧票，毕竟宝宝还小，担心摔下来，我带着宝宝睡在下铺。原本我们还担心他在火车上看到人多会放不开，殊不知他只是在见识到这奇怪的一房六床后表现出一刹那的惊讶，很快便开始探索其中的奥秘。

△第一个要求：我要睡上面！

我们谦让着先让上铺的乘客上去放行李，宝宝眼睛眨也不眨地盯着。等到他们都放好了，老公也爬到中铺去放箱子的时候，娃娃终于按捺不住了，脱了鞋就要去爬床梯，重妈轻爹的他第一次嚷着："我要跟爸爸睡，我要睡上面！"

他的人生里没有过高低床，更别提这种"一梯三户"的造型，他爱得够呛。坐在上面，喜不自禁。

△第二个要求：我要下去走走！

当火车开动起来，原本静止的人们不由得随着火车摇摆、晃荡，火车有别于高铁的流畅行驶，它的波动显得更生动。宝宝在中铺上看到来来往往的旅客们呈现出微微的晃动，就不知怎么地来了兴致，向爸爸申请："我要下去走走。"

下去走哪里有只看着别人走有意思呢！他穿了鞋子，第一次碰触到行驶中的车厢地面，然而却没有预料中的摇晃，谁让他重心太低呢……

△第三个要求：我要吃东西！

我们早上6点起床，赶8点的火车，宝宝一早上就喝了一瓶牛奶啥也没吃，是时候饿了，但是我并不打算主动提醒他，等他提出想吃东西再行动。火车开了大约一刻钟，人们整理好行李后，纷纷开始掏出干粮来进餐，有人吃面包，有人吃本地特色卤味周黑鸭，还有人在站台买的热干面一直放到现在才开动，香味从几个包厢以外传过来……

整个车厢里弥漫着各种食物混杂的味道，总有一种叫人垂涎。宝宝时而看着上铺的大叔吃方便面，时而又盯着对面的阿姨吃火腿肠，最撩拨他的还是隔壁包厢里吃热干面吃到满嘴芝麻酱的小女孩。那小嘴巴每一次的咀嚼都愈发让宝宝感到饥饿，他终于意识到，自己似乎也可以吃点什么。眼神转向我来之时，口水已经凝成一条长长的水柱，他说："妈妈，我想吃东西。"他作为城市里诸多食不知味的臭小孩，头一次主动提出了要吃东西的请求，而且我试探性地给了零食和主食由他选择，他选了主食。

毫不认生的火车之旅，宝宝的一切行为都充满了自主性，虽然这给我带来了不少麻烦，但不得不承认，其中的趣味与收获亦是丰富的。

跟自己玩儿不如跟人玩儿

在垂涎别人的食物后而得到的食物，总是珍贵的，这比“失去后才懂得珍惜”要来得更恰当。小家伙自从牙齿长全后就开始打野食不喜欢正餐，这还是他头一朝大口大口吃早餐。

7个小笼包一口气吃精光，酒足饭饱，宝宝迎来了他的第一个无聊期。

起了早床的旅客们开始补觉；携伴旅游的年轻人开始打牌聊天；探亲回老家的老大爷老太太们在窗口看风景忆苦思甜；爸爸爬上床玩手机游戏。我和宝宝对坐着发呆，其实我在和他拼耐性，看谁最后耐不住寂寞自己去找乐子，当然我要赢他，否则一直给他讲故事或者打起精神来兴奋地陪他聊天，我就完全没法休息了。只有用自己的无聊逼迫他自己去找乐子，我才能得空。

当然，小家伙注定要输给我的老谋深算，他率先妥协，去寻找小伙伴——芝麻酱女孩。

宝宝的语言表达能力暂时还是差强人意，不过为了向小女孩示好，他还是竭尽所能地使用句式和词语。他从包厢里探出小脑袋，对着那个看起来比他大一两岁的小女孩，打了个稚嫩的招呼："姐姐，你在干吗？"

姐姐遣词造句的本领似乎经历过幼儿园的雕琢，对比起来显得完整而得体，她回答："我在看风景。"

两个小娃娃就像是寂寞的旅人相遇，彼此没有排斥，不过依旧看得出来，若放在平时，这位女孩是不想搭理咱们家的毛头小子的，孩子都喜欢跟比自己大的哥哥姐姐玩儿，谁想带个话都说不清楚的小跟屁虫呢？

就当小伙子运气好吧，姐姐接纳了他，还牵着他的小手走到窗户前，隔着小桌板，对坐着。

小女孩的家长看到他们俩玩在一起，和我一样闷笑。这漫长的旅途，谁也不能为他们排解无聊，唯有自己找个朋友一起玩，是最好的办法。只是他们俩就这么相对无言地坐着，很快就会玩完，还好大一点的女孩心思活络一些，她主动回到包厢里取了玩具过来。

那是两个芭比娃娃，她在分给宝宝之前，问他："你拿这个小的，你当妹妹我当姐姐吧。"

毫无独立家家酒经验的宝宝倒是接得自然，他从小就喜欢各种娃娃，拿过来了，还一个劲儿地重复："我是妹妹，我是妹妹，姐姐——"

我知道他只是通过复述来接受女孩的信息，并非投入到游戏之中，可是姐姐已经开始明确地角色扮演，拿着娃娃的手，做出娇俏的模样，压着喉咙发出矫情的声音："哎呀，妹妹来了，姐姐今天身体不舒服，你能帮我去买点药吗？”

就这样鸡同鸭讲阴差阳错的家家酒就正式开始了。宝宝虽然不明所以，却一直都很忙，因为“姐姐”总是有很多任务“吩咐”下来，一会儿买药，一会儿拿水，一会儿量体温，一会儿还要给姐姐擦汗水。

但宝宝显然很喜欢这样的剧情安排，他多希望能做点实事，能在家给爸爸妈妈帮忙，苦于机会太少。现在有个姐姐专门给他安排，他乐坏了，屁颠屁颠地跟着做。

结果，却令人捧腹，家家酒所有的“假把戏”宝宝都真枪实弹地上，他吵着嚷着一会儿要我拿药给他，还要倒一杯水给他，以及把体温计、毛巾给他，我是他的“专业道具师”。并且，他只听令于姐姐，丝毫不考虑我的意见——我担心他拿水不稳洒出来，给他一瓶饮料替代，他坚决不同意，旁边“看戏”的一干人等捧腹不止。

另一方面的“姐姐”则是十分享受着这如格格般的待遇，我忽而回想起曾几何时我也玩着这样的游戏，扮演着这样的人物。再看一看我的孩子，如今在我面前上演这一切，不禁心中百转千回，他成为了一个可以和别的孩子互动，还能“演戏”的大孩子了。我总以为他什么都不懂，却不知这“从来不懂”的事情，他掌握起来速度惊人。

更令我高兴的是，他自己交到了一个朋友，不同于从前半路搭讪，仅止于微笑的小朋友，这是一个能和他真正玩到一起的朋友。长途旅行总能带给我们不一样的东西，哪怕是擦肩而过的缘分，我会为孩子好好保留这美好的回忆。

[夏季消暑冰凉戏水攻略]

鱼儿离不开水，其实宝宝也是离不开水的。可怜孩子们还要忍受春、秋、冬这些无法与水坦诚相见的季节，好不容易到了夏季，就请放开条条框框的限制，带着孩子们杀向海滩吧！

夏季消暑戏水好去处排行榜：

1. 海滩

2. 漂流

3. 江滩

4. 水上世界

5. 游泳馆

炎热或许是漫长的，可是适合宝宝与天然江河湖海亲密接触的真正意义上的夏季却是短暂的。在那个最不伤害宝宝的季节里，做好安全、周到的防护，这就开始宝宝特有的盛夏之旅吧！

A 奔向海滩

炎炎夏日，会游泳的爸爸们都会找机会与江河湖海来个亲密接触，更遑论刚离开“水浴”不久的宝宝们。水里诞生的生命，实在很难抗拒海滩的诱惑，生活在没有海域的城市，江滩是大海最佳的替代品，而生活在有海域城市的孩子们就更有福气了，可以去感受感受大海的浩瀚与辽阔。

我们属于前者，却因为渴望大海而迫不及待地在宝宝刚满1岁后就带他奔向了大海。

碧蓝的大海、炙热的阳光、软绵的沙滩……看到这一切，宝宝要多开心就有多开心。

不过，需要提醒妈妈们带宝宝去看海固然是好，知道一些海洋安全规则还是非常有必要的。

TIPS：

（1）不要让大宝宝单独去海边游泳，小宝宝也不能因为脖子上挂了游泳圈而任他自己漂浮。

（2）在救生员视线范围内和标明的游泳范围内游泳。

（3）如果海滩表面粗糙，布满碎石块儿，就不要让宝宝赤脚走路。

（4）用塑料容器盛放饮料，因为玻璃瓶碎了，容易划伤赤裸的脚。

（5）海滩偶尔能见到漂浮的水母，它们可不是好惹的，万一被蜇伤会非常疼痛，要及时就医。

戏水装备大盘点

1. 能将宝宝整个裹住的大浴巾一条

浴巾是海滩戏水的超级伴侣，功能超级多。既能在换衣服的时候可以为宝贝擦干身上的水分和沙砾，也能预防海边气候突变用来给宝宝遮风雨或者保暖，还能作为防晒衣披着，人手一条，必备用品。

2. 半袖衣裤三套

不要因为天气炎热而为宝宝选择无袖背心穿着，要知道宝宝的皮肤细嫩，而肩膀是最容易晒伤的地方。半袖上衣可以很好地保护肩膀皮肤，短裤也适合在玩水的时候穿着，反而不容易因为水溅湿裤子而浸湿皮肤。当然，宝宝兴奋地踩水玩水，还是会很容易弄湿衣服，所以要多备几套衣服替换，防止海水玩耍过热，毛孔打开，海风一吹导致着凉生病。

3. 长袖衣服或者薄外套一件

在早晚比较凉的时候、进出海滩的时候，或是中途进入空调房的时候，都要随时给宝宝准备较厚保暖的衣服穿着。

4. 鞋子

沙滩上难免会有一些石头或者贝壳之类的硬物，所以宝贝在玩耍时最好还是穿上鞋。最好为宝贝准备一双轻巧的泡沫凉鞋。泡沫凉鞋就算被海水打湿了也不会变得沉重，且特别容易干。就算一双湿脚穿着它，上岸后走上一会儿也就差不多干了。皮凉鞋遇水则会变沉且不易干，塑料凉鞋遇水会打滑，所以不适合在海边穿着。就算在沙滩上也尽量给宝贝穿鞋！

5. 儿童专用防晒霜

选择宝贝专用的SPF指数较高的防晒霜。出门之前半小时，涂满宝贝身体的所有裸露部位，不仅面部是防护重点，后背、脖子、脚面也很重要。尽量不要在太阳最剧烈的时候到海边玩耍，即便太阳不那么大，玩的时间长，还要隔1~2小时重新涂抹一次防晒霜。

6. 太阳帽

防止宝宝在太阳直射的时候要求去海边，准备一只太阳帽可以很好地保护宝宝的脸颊和鼻梁两个关键部位，最好是只要有太阳的时候都让宝宝戴着。太阳帽是最好的物理遮挡物，比防晒霜更安全，更得妈妈们喜爱，唯一的缺陷是宝宝玩得兴奋起来容易脱落。

7. 太阳镜

太阳镜可防止过强的光线对宝贝眼睛的刺激，同时也可以避免沙子进入眼睛，不过大多数宝宝并不喜欢黑洞洞的感觉。

8. 宝宝专用晒后修复产品（非必备）

一旦发现宝贝的皮肤见红，这就是被晒伤的征兆，如果不及时处理，接着皮肤会红肿疼痛、脱皮。不愿意给宝宝使用晒后修复产品的妈妈要及时带宝宝回到阴凉的地方，降温处理，及时在见红的皮肤上涂抹晒后修复乳液，会很快恢复。若是情况严重可以在医生指导下涂抹一些药品。

又爱又怕的海，又爱又恨的沙

宝宝第一次见到大海的那一刻，我像守着流星出现的许愿人，多盼望从他脸上捕获一丝惊讶与喜悦。然而，他的淡定令我极为失望。

那天风和日丽，浪花小小的，温柔的，和远处的岩石敲出细碎的声响，宝宝认真地注视着这一切，像只警觉的兔子，不苟言笑。

我想，这大约才是内陆人对于陌生的海最准确的情感定义吧——怕。

由远及近，当我抱着宝宝来到海边，触手可及海水的时候，他的喜悦才悄然而至。因为他从“海”走向了“水”，他怕浩瀚的海，他却热爱这一波一波卷上岸的海水。

水扑上岸来，他紧张地抓住我的衣角；水退下去，他又急切地追过去。来来回回间，这成为一项游戏，宝宝玩得欢天喜地。

当宝宝和大海略微熟悉后，我率先脱掉鞋袜，沾了沾海水，嗯，不太凉，然后抱起宝宝走进水里不远处。好几个孩子正挽起裤管，赤脚踏着浪花嬉戏，孩子们时而一个趔趄，时而一个踉跄，相互疯闹，又或者自娱自乐，可带劲了。

“你也去和他们玩儿不？”我只是试探性地问了一句。

宝宝连连点头，那时候他还仅止于听得懂而语言有限。

于是，我给他脱掉鞋袜，挽起裤管，他眼里的笑意瞬间扩散开来。两只脚像是通了电一样，踢打着刚扑过来的小浪潮，溅我一脸水，他笑不可支。

又一阵熟悉后，他就要摆脱我自己踩水了，尽管他才刚学会走路，蹒跚不到三五步就要倒，可他忘记了……忘记了自己不会走路。

这真是太好笑了，我由着他，放开手，果然，只走了两步，浪花卷过来，他惊得立刻后退，不稳，跌倒。而且，脚底一打滑，咯吱一声屁股摔地，下半身还跌进刚卷过来的浪花里，他吓得屁滚尿流。

人一兴奋就犯错，宝宝一兴奋就生悲，果然是有道理的。他跌到水里事小，把自己吓到了是真的，惊慌地爬起来，朝我怀里钻。

他“受伤”的心一时难以修复，打算逃走。我将他运送到干爽阴凉的沙滩处，他终于恢复平静的状态，若有所思地看着仍然在水里玩的小朋友们，直到我递给他一片水果……

他伸手来接，却赫然发现在地上爬行过后的手，手心手背手指甲缝里全都填满了沙子，更关键的是，怎么也弄不掉！如果他会飙英语，那一刻我敢肯定他的号叫所代表的意思是——OMG！

不知他是有密集恐惧症还是有洁癖，总之他看到满手的沙子就惊呆了，嫌恶地想尽一切办法要弄掉它们，皆无果。他弄不明白为何用小工具去玩沙子的时候那么好玩儿，可是当沙子沾到手上，却是这么可怕的一件事。

终于，他被远处又爱又怕的海，以及近处这又爱又恨的沙子，给逼哭了。

全世界的沙子都是你的玩具

然而，无论如何，孩子与沙子之间还是有着天然的好感，带宝宝去海滩玩了两三次后，他找到了驾驭沙子的办法。

方法一：他在沙滩上爬行都是呈匍匐的姿势，不用手掌接触地面，而是靠着手臂撑地，脚往后蹬，以此挪行。

方法二：每当手上沾到一两粒沙子，就立刻拍掉，不让它有聚少成多的机会。

以上两种方法让宝宝在玩耍的过程中，一直保持小心翼翼的架势，一直到他发现原来只要手上没有水，沙子便不会甩不掉后，他的心便猛地打开了。

度假的这一整周，我们哪里也不去，就在海滩上安营扎寨。宝宝也交了几个大朋友，他们会走会跑会跳，大家组成一个团来玩儿。

哥哥姐姐们负责拿着铲子和小桶到处装沙子装水运送过来，宝宝因为“行动力较差”而被安排在大本营里筑巢。其实他啥也不会，只是傻乎乎地把大家撒在那里的沙子，都铲起来，堆到一起，

小朋友们轮流回巢，跟宝宝打招呼，卸货，然后离开。宝宝则回赠每个孩子以微笑，然后铲起沙子，倒到一个小山上，再铲，再倒，再铲……简单的循环。偶尔有沙子弄到手上，他就停下来，不高兴地拨掉。我和他爸爸只用在一旁守护着他即可。

这一切看起来就像一场无声电影，孩子享受着难得的安静。

不过周末一过，孩子们回到幼儿园和学校，海滩上的孩子变得寥寥无几，宝宝的朋友们都不在了，尽管他无法表达，我也能清楚地察觉他心中的失落。

他如同往常一样，先去海边汲足，又欢喜又胆战心惊，然后蹒跚地回到沙滩上玩沙。小眼神却并不安于眼前的沙子们，四处逡巡着可能出现的“老友”。

不希望他变得失落，我柔柔地说：“哇，宝宝，小朋友们给你送来的沙子你还没有砌好哦，他们把全世界的沙子都给你运来了呢，你真幸福。”

他明白幸福的意思，也随着这句你真幸福而展露笑颜。

我告诉他：“等天气更好一点的时候，这里又会有很多小朋友跟你玩哦，趁他们不在，我们一起把城堡砌好吧！”

孩子并不是时刻都需要人的陪伴，但是当他失去一大群朋友之后，适当的替代能填补他心中的缺憾。待他再次习惯独生子的孤独，我方可抽离。

有大海，有沙滩，有妈妈，有阳光，宝宝的戏水之旅，无比惬意。

B 激情漂流

要带宝宝去漂流，是爸爸一时天真的提议。我没有告诉他，那飞流直下三千尺的激情漂流，连我都不敢尝试，何况是刚满2岁的宝宝。

不过，谁说去漂流一定要玩惊险刺激的呢，爸爸说他自有办法，我们一家三口就上路了。

由于宝宝年龄渐长，阅历也丰富起来，这次出门我们不打算带太多的行李，却只见车的后备箱里装了好几样戏水玩具，竟然还有成人尺寸的。

这一次，我们没有孤军作战，爸爸约了好几个朋友一同前往，还是他考虑周全，他说："孩子的成长太需要伙伴，以后多多给他制造集体出游的机会，让他和朋友们的孩子成为好朋友。"

朋友的孩子比宝宝小一点儿，不过灵活程度却是有过之而无不及。我们计划着各家坐各车，结果却因为中途集合后，两个小家伙见面了就再也不愿意分开了。朋友的孩子像只小毛猴一样，倏地就钻上了我们的车，一路上两个孩子交流个没停，尽管我完全听不懂他们在说些什么。

老公选了一条水流相对和缓的漂流线路，没有高空坠落的惊险，但是几个孩子娘还是非常犹豫。最后综合考虑，干脆让船漂过陡坡后，妈妈再带着宝宝中途上船。

一边给孩子们换衣服，爸爸们的漂流床已经顺流而下，眼看船只在空中划出一个优美的弧度，孩子们张大了嘴巴，露出既兴奋又恐惧的眼神。

问："宝宝去和爸爸一起漂流好吗？"

胆小的宝宝想也不想地果断回答："不要！"

可是朋友的孩子更勇敢，她说："好……"

每个孩子对于事物的认识和欲望都不一样，我们带着宝宝上船，似乎是有些违背了宝宝的意愿，不过他不知道，等待他的，没有那样的惊涛骇浪。

漂流救生衣没有宝宝的SIZE

爸爸们的船逐渐向我们靠近，工作人员过来安排我们上船，彼时，我已将老公备好的一箱玩具背到身后，上了船再听安排发放。

然而，就在这一刻，孩子们被工作人员拒之门外，理由是——宝宝们没有穿救生衣。

尽管前面的漂流路线整体水位不超过一米，但是按照规定要10岁以上才能穿着救生衣参与漂流，我们已经破了人家一例，即便预估没有危险，我们还是得按照要求穿上救生衣才能上船。

工作处找了很久，实在没有儿童救生衣的SIZE，选了几件最小的穿上去依然无法紧贴孩子的身体。

三个臭皮匠顶个诸葛亮，做设计师的朋友提出一个非凡的提议，换个穿法试试?

救生衣不能架在孩子的肩膀上，却可以绑在孩子的腹部，只用额外在宝宝的头上套一只儿童救生圈，效果是一样的，唯一的缺陷是——大热天的，孩子的脖子会不会热得长痱子?

安全重于一切，我们按照朋友的方法给孩子穿上救生衣后，终于通过了考察，成功登船。

原本在陆地上对脖子上救生圈饶有兴致的宝宝们，一上船就立刻有了新的目标，那就是偶尔会溅到身上来的水，每一滴都像是带着有令人兴奋的因子，让孩子们雀跃不已。

不过如果全程就这样在波澜不惊的小河中漂流，就太没有意思了。

爸爸的秘密武器是时候闪亮登场了，那是大大小小的水枪，大人和孩子都有，当船只搁浅在礁石上后，我们没有立刻用船桨推开，而是弯身给水枪上足“子弹”。

很快，一场漂流水战就这么开始了。

爸爸和孩子们负责水战，而妈妈负责用身体环抱住宝宝，以保护他们的安全，同时手持船桨，一旦船只搁浅，就要及时出手，推开礁石，重新回到轨道。

漂流界的水枪大战

还记得我们上一次水枪大战是什么时候的事吗？

那还记得结果是什么吗？

小时候的记忆席卷而来，只是，任何情况下的水枪战到最后都是弄湿了家具、衣服、头发、食物，等等，给家里带来一阵不小的“灾难”，不能彻头彻尾地高兴都不算是完整的美好记忆。

而漂流船上的水枪大战是任何其他形式都不可替代的最有趣的水枪大战，没有人惧怕被淋湿，更不会有人来责难自己，就连爸爸妈妈都加入了战斗，这真是太令人兴奋了！还记得小时候多么希望能和姿态高高在上的父母一起疯狂地玩一玩啊……

老公的童心，引发了这么一场来得正好的水枪大战。

宝宝学着爸爸的样子，拿起水枪朝朋友们的船射过去。可惜因为力气有限，因为经验不足，他艰难地按压阀门，水枪却只喷出少量的水，射程短，命中率低，没有杀伤力。

所以，“敌方”的“枪林弹雨”宝宝唯恐避之不及，他也聪明地适时躲进我的怀抱。而我，战斗的核心人物，配合着宝宝的攻击，一旦他准备好了，我就拼命划船向敌方靠近。而一旦他受到攻击了，我则立马改变方向，望风而逃。

漂流没有因为水流湍急而刺激，却因为我们的水枪大战而惊险重重。战斗考验着宝宝的反应力，宝宝明显要弱于朋友的孩子，他有一丝气馁，我知道如果继续迎上去，让他遭到太多的攻击，他说不定会恼羞成怒，被怒气赶走兴趣，于是我赶忙避开。也正因为我每次及时地躲避让宝宝巧妙躲过对方的“子弹”而让宝宝感到侥幸和小胜利，他于是付诸更多的关注力去战斗。孩子就是这么激不得，却可以被培养。

终于皇天不负有心人，他的射程从半米不到，逐渐增长到一米。甚至于，在某些惊险的时刻，他的潜力被激发，能准确地将水弹射到“敌人”的身上。

沿途的航线，偶尔也会遇到一两个水流湍急的小坡，宝宝因为投入在激烈的水枪战中，而总在被我紧紧拥抱着度过险境过后才察觉，回望来时的路，一阵后怕，他望着我的眼神似乎在说：“妈妈欺骗我。”

我真害怕那被埋怨的状态，更会不由自主地将心比心，自己有多么讨厌身处险境而浑然不知的感觉，我却没能让孩子避免这种经历。我在心里对他表达了深深的歉意，并在接下来即将面对惊险的时刻，提前给他做好预告。宝宝亦没让我失望，不但没有显露怯弱，反而及时做好心理准备和预防，比如闭上眼睛或者扭过头避开水花，而双手紧紧抓住船舷。

我和老公相视而笑，孩子其实比我们所想象的要更强大，我们自以为是的做法往往并不一定是最好的办法。

漂流旅途里的水枪大战还在继续，我的划船技术也明显进步了。能以一个优美的姿势避开敌军的水枪，精确保护住我们家那一大一小两个玩家，完胜！

STEP. 5 [索道上的新眼界]

宝宝1岁的时候带他去爬了一次山，他亲眼见到高空中运行的索道后，就对它充满了幻想。只要在电视中看到，就跃跃欲试。

有时候是知识普及，有时候是看朋友传来的旅游照片，凡有索道，宝宝都觉得神秘而向往。

我们计划着，要带他去坐一次索道，可是距离本城最近的索道在武当山，而且是2人包厢式的。倒不是孩子害怕，反而我自己觉得小小的箱体不如大吊箱看起来安全，而且空间狭窄。万一宝宝有个哭闹什么的，箱体产生摇晃，我担心自己率先乱了心神。

上网了解了索道的相关知识，在下决定之前还是有些犹疑，宝宝是出于好奇对新鲜事物都想试试看，可一条索道全长上千米，中途毫无退路，宝宝万一恐高，后果不堪设想。

仔细回想一番自己曾经坐索道的经历，很大程度上而言，那种感觉是很接近于摩天轮的，要不然可以带宝宝先从适应摩天轮开始？

选了个周日去公园找了个摩天轮试点。

宝宝跟摩天轮不算陌生，小时候也常常带他去公园玩，但是每一次他的认知都会有突飞猛进的变化，即便是对同一件事情。当他这一次看到摩天轮的时候，他脱口而出——风车！

我已经记不得带他到农村看到风车是什么时候的事了。那时候他甚至还不会说话，我以为我们教他识物只是满足父母自己的教学欲罢了，殊不知他已了然于心。

有过一面之缘的风车让宝宝对摩天轮产生了莫大的好感，我问他要不坐上去，转到很高很高的地方，他点头说好。

我们80后也是坐着摩天轮长大的孩子，坐上去，忽然觉得内心潜藏的文艺感扑面而来。要不是手里抱着个长得像自己的娃娃，真是觉得回到了20年前……

为了平衡，我和老公对坐着，宝宝在我们之间传递。一会儿要在妈妈腿上看森林，一会儿要在爸爸怀里找安全感，直到我们从地面升至最高点。

观察孩子，没有任何异状，就像是在高楼大厦里眺望，地面是他喜欢的旋转木马、游泳池、时光穿梭机等游戏器械，宝宝看得极其认真，生怕爸爸说的那些有趣的风景他没有看到。

而一个孩子是假放松或真紧张，只要看他的手就知道。他的小手轻轻地搭在爸爸的手背上，一条腿跪在爸爸腿上，一条腿就这么悬着，自由自在。

看来，他可以去试试索道了。

手心捏了一把汗

抱着人多胆子大、空间相对宽裕的想法，在我的强烈要求下，我们还是选择了黄山的大型缆车索道，核载50人。

可由于是淡季，人不多，一辆缆车等了很久也装不满人，乘客大多是些读书的小情侣们，放假了来玩儿。等人的过程里，不断有男生女生们向工作人员发问：“这安全吗？”“这绳子不会断吧？”

宝宝听得似懂非懂，倒没在乎，四处打量着环境，远处是山，近处是山，蓝蓝的天空白白的云，他心情不错。我却被他们的问题给扰乱了心智，竟也在一旁偷偷问老公：“装这么多人的缆车会不会比较重而容易掉下去啊？”下面可是万丈深渊啊……我居然开始后悔，小缆车人少重量轻说不定安全系数更高。

等了大概十分钟，依然没有新的乘客，终于有人嚷着：“时间不早了，出发吧！”工作人员于是过来关闭了车门，缆车即将启动。

每一次遇到困难，都是宝宝因为紧张抓住我的手，这一次居然是我因为紧张抓住了宝宝的手。原来恐高的那个人不是他，是我！

随着缆车的逐渐升高，乘客们都站起来到窗户边眺望，我却只敢坐着平视窗外。只有这样才不觉得自己是悬着的，踏实。

可老公却抱着宝宝到了窗户边，大约是人们都集中在缆车的一侧而导致重量失衡，缆车晃了一下，我居然像个孩子般尖叫了一声，立马有人走到缆车另一侧以保持平衡，这 惊 乍的。我因为觉得不好意思而厚着脸皮挤出笑来装胆大，宝宝却真是被我吓到了，他面对着我，忽然脸色变得极难看。

爸爸为了转移他的注意力，带他继续看风景，并安抚他：“宝宝不怕，不低头就不怕了，你看那边的山好高哦，我们在天上。”

越是安慰他就越等于是提醒他，原本跟着爸爸手指方向看的小家伙硬是低下了头，这一低头可好，万丈悬崖，一眼都望不到底，宝宝的脸霎时一阵惨白，他好像是终于明白我刚才为啥尖叫了，张开手臂要到我怀里来。

我刚站起来抱他，恰逢缆车又一个小晃动，他嘴一瘪，哇哇大哭起来，我抚开他紧握拳头的小手，里面一片湿漉。

这是我完全没有预料到的事情，竟然是我带动了宝宝的恐惧，坏情绪真的是会传染的。

重心瞬间全部转移到孩子身上，必须尽快让他停止哭泣，否则一来担心宝宝心理受创，二来也怕吵闹到其他乘客，三来还担心给其他胆小者制造恐慌。

宝宝坐在我身上，老公和我各握住宝宝的一只手，说“别怕”好像也于事无补。正好这时候坐在缆车中央的阿姨起身去窗边看风景，我立马抱着宝宝坐了过去，并重重地吐了口气，对宝宝说：“好了，现在我们坐在缆车中间了，很安全，没有事了。”

这算什么安抚？但它就是对宝宝有效。

宝宝只是觉得危险，觉得惊慌，却并不知道要怎么样才能缓解这种危险的状态，他当然知道是不能中途下车的……所以他此刻迷惘更多于害怕。而我，以良好的演技，显露出坐在缆车中间就平安无恙，他那紧张的情绪也随之驱散，原来——“坐到缆车中间”就是破解危险的方法！

爸爸也适时地加入，他坐在我们旁边，继续从窗户指出去，“宝宝你看那里，宝宝你看这里！”他总能在一片青山绿草中找到焦点，指引给宝宝。由于不在窗边，宝宝再不会看到万丈深渊，他便不再有焦虑。

可是如果不看到我们的高度，一味去避免这种飞翔的感受，又何必千里迢迢来坐索道呢？而正是这股保护孩子与带他领略新感受的力量，让我顿时忘记了自己的恐惧，随着爸爸的讲解，我抱着孩子向窗边靠近，指引宝宝的视线从远方逐渐向下移，我说：“宝宝，你看，我们飞起来了，我们像小鸟一样飞在空中呢，下面有房屋，有河流，有马路……我们飞起来啦。”

坐索道与坐摩天轮不一样，因为摩天轮的下方是宝宝喜欢的各种风景，而索道的下方是波涛汹涌，是万丈深渊，是这景象令人害怕。要面对它们，唯有换一种心态，比如——我们是飞翔的小鸟，只有飞得更高，才能俯瞰整个世界。

“宝宝，你想看到我们的家吗？”

“想。”他诚恳地盼望着。

爸爸告诉他：“只要我们飞得更高，就能看到更多的东西，包括我们的家。”孩子抱着这样的期盼，一心享受着越来越高的高度，再也不被害怕所打扰。

看着享受这一切的宝贝儿，我想，是他的脆弱拯救了我的恐惧，而我用童真的心理驱逐了宝宝的恐惧，套用一句TVB经典台词，这算不算是“母子同心，其利断金”呢？

STEP. 6 [轮船初尝试]

当陆地和空中的交通工具越来越发达后，我们旅游能坐到船的机会是越来越少了，可是每次到江滩玩耍时看到有轮渡，宝宝都尤为兴奋。而且在我心中最浪漫的出游本就属于轮船，它比坐飞机更宽敞，更自由；它比坐火车更诗情画意，更平和安稳。回忆自己上一次坐轮船已经是十多年以前了，近几年来从方便性和速度性来考虑，我们旅行的交通工具都选择了高铁和飞机。

直到宝宝过了2岁，我们考虑着宝宝坐飞机的成本暴升，要不然这一次去老家过年改坐火车转轮船好了！

从武汉到海口，如果不坐飞机，是非常折腾的一件事，要先坐火车，再换乘汽车到港口，然后坐船过海，再坐的士到家。

乍一听这个行程，路上都要耗费两天，对孩子来说实在是不堪设想，多次提案多次被老公否决。

最后经过无数的调研和探索，我们决定用飞机替代火车完成前半段，然后转乘轮船回家，节约一天的行程，孩子也少点折腾。

敲定了行程，我就要开始带宝宝进行一些适应性训练了，海船可不是那么容易坐的。我从未考虑过宝宝晕车的问题，但是会不由自主地担忧起宝宝是否会晕船。

由于宝宝的平衡性远比成人要差得多，一旦船受到波浪冲击上下颠簸，再加上船内闭塞、空气质量不好、睡眠不足或者情绪起伏太大，都可能导致宝宝晕船。

此外，虽然我和老公算得上是各种交通工具“百毒不侵”，但是坐海船还真不敢百分之百保证。人生历练有限，还没见识过大风大浪，万一运气不好，我自己都有可能晕船。

为了安全起见，与轮船的亲密接触，我准备了一点小药品：

A. 晕车贴

B. 生姜片

C. 清凉油

接下来就是调节宝宝的情绪，让他用一个愉快的心情迎接自己和轮船的第一次亲密之旅了。

他竟然要中途“下船”

在码头等船的时候，码头的各种大轮船让宝宝大开眼界，这和他平时所看到的江船和轮渡都太不一样了，这其中不乏远小近大的因素。他是第一次与船这么接近，大约船的样子已经超越了他所能想象的巨大。

准备上幼儿园的宝宝在家里已经看了不少的童书，他说这不是轮船，和书上画得不一样，我一时竟不知道要如何回答。聪明的爸爸拿出手机上网，毕竟网上的图片要比图画书上丰富得多。他搜索出各种各样的海轮船给宝宝看，告诉他，就像公路上有各种各样的车一样，海上也有各种各样的船只。

排队上船的人非常多，为了避免挤到孩子，我们站在队伍的旁边，准备最后登船。这时候正好看到有其他带孩子的妈妈正在给宝宝的肚脐贴生姜片，据说能防晕船。好妈妈有一个不成文的要求就是反应要快，我看对方贴好了还有剩的，连忙找人家要了过来，给自己的宝宝贴上。那位妈妈还叮嘱我，孩子不要吃太饱上船，上船后尽量保持与船前进的方向一致，不要总是背对船头，这样也容易引起晕眩。我顺道也取了不少晕船经，爸爸朝我露出一个赞的表情，我也默默自豪这一小小的灵活之举。

应急措施

1. 一旦宝宝出现晕船症状，妈妈应立即用沾冷水的毛巾或纸巾轻敷宝宝面部和胸部，手边有药品的可在宝宝两侧太阳穴涂抹一两滴风油精或清凉油。

2. 如果船左右摇晃，应让宝宝头朝船头方向平躺下来；如果船前后摇晃，则应立刻让宝宝改为横卧姿势，然后教宝宝深呼吸。

3. 应尽量让宝宝待在空气流通的地方，如果宝宝出现呕吐，要引导他吐干净。

一切打点好，我们跟着队伍的尾巴便上了船，然而一上船，宝宝竟然两度要求下船，追问理由，我真是被他所折服……

第一次要求下船

那是刚上船不久后，船尚未启动，就看到另一条船正在发生令人惊讶的一幕——一列火车分成了几段，开进了船底舱。宝宝趴在窗户上看到这一幕，突然一跃而起，嚷着：“我要下去，我要下去，我要去坐托马斯！”

第二次要求下船

船行驶起来比我们所想象的要稳得多，巨大的船身可以让它淡定地化解掉一切风浪。原本就风平浪静的海面，更不能带给船身丝毫的摇晃，爸爸看宝宝表现良好，没有生理反应，要带他去船尾看水花。这一看不打紧，看了小家伙就再度要求中途下船了，他说：“爸爸，我要下去玩水！”

那天真又认真的模样，让我们劝都不忍心。

一秒也不能松懈地盯梢

光一个陆地长大的妈妈就够海边长大的爸爸应付了，再加上一个好奇佬小顽童，爸爸快要被我们折磨死。

被我裹成一枚小球的宝宝则是指着船上各种装备问："爸爸，这是什么？""爸爸，那是什么？""爸爸，它是干什么的？"……

我则站在甲板上，指着那里的海浪问："老公，这算是大风大浪吗？"又指着远处的海面问："老公，那里是不是有鲨鱼？"

最终，还是我的问题更有吸引力，没有吸引到老公，倒是引得宝宝跟了过来。他一阵小跑，吓得我心都提到嗓子眼了，万一船有个晃动导致宝宝站不稳，那危险可就大了。

玩玩闹闹的心立刻收拾起来，一切还要以宝宝的安全为主。

原本还有兴致给宝宝拍照的爸爸把相机关掉，腾出一只手来，片刻不离地拉住宝宝的手，还不时抱起来让他看水花，时而又放他在地上去感受脚底的震动。

为了不让他无聊，爸爸抱着他楼上楼下到处参观。一会到室内看船上的设备与装置，还偷拿出救生衣来示范给宝宝看；一会儿两个人又研究起当浪花打到船身上，会怎么样，于是靠近栏杆埋头看。谁知就这么一折腾，看起来毫无问题的宝宝"噗"地一下就吐了出来，食物是上船前喂他吃的一根火腿肠和一个橘子。

正好又碰到上船前的宝妈，她连忙过来帮忙给宝宝涂抹风油精，我说孩子明明没有吃太多，怎么还是吐了呢？她告诉我，孩子太小了，经不起上下楼梯、抱来抱去的折腾，更经不起这甲板上的风。她的孩子第一次坐海船也是这样，觉得新奇到处跑，结果吐了，这一次他们学乖了，就这么安心地坐在位置上玩玩具，看风景，一旦他感觉不舒服了，就让他把视线收回来看船上的电视节目尽量不看外面，就会好很多。

还听说海上的风是最伤人于无形的。就算我把宝宝裹成印第安人，也无济于事，还是回到舱内好好休息才是正经事。

回到舱内，给宝宝喝点白开水。体质一向不错的他，又恢复了生龙活虎，趴在窗台上看风景，乖乖的，就像坐公交车一样。

不过，他知道，他坐过海船了，因为他在船上学会了一件事——那就是吐，这是他经历婴儿时期的吐奶后，第一次体会吐的感觉。

也不错吧，算是做海轮船的真实体验了。

附 [冬季勇敢滑雪攻略]

滑雪是大人们的运动，只是有时候我们也有不得已的苦衷要带上孩子一同前往。也担心孩子吹风、受冻、生病、摔倒之类，所以防护措施，一个也不能少。

滑雪这样穿

贴身第一层：纯棉保暖秋衣裤

第二层：护胸小背心

第三层：高龄羊毛衫、毛裤和毛袜

第四层：保暖材料制作的专业滑雪服，上衣最好连带风雪帽。

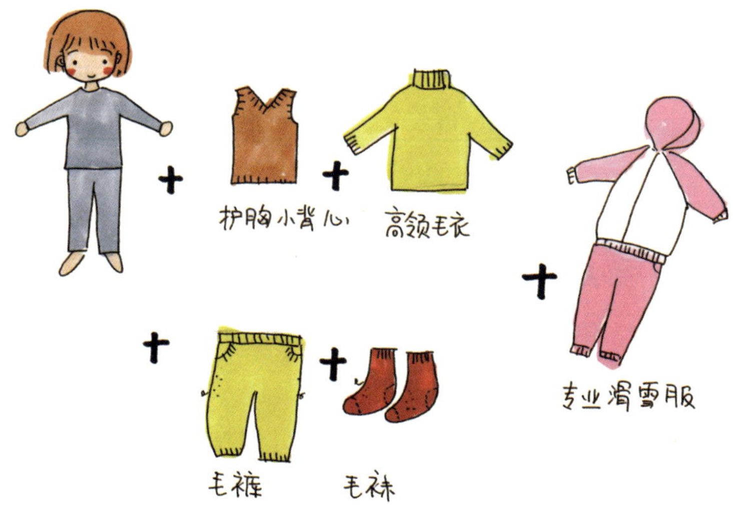

滑雪装备

1. 专业滑雪服防寒必备　2. 滑雪手套　3. 滑雪鞋　4. 滑雪板

5. 滑雪杖　6. 固定器

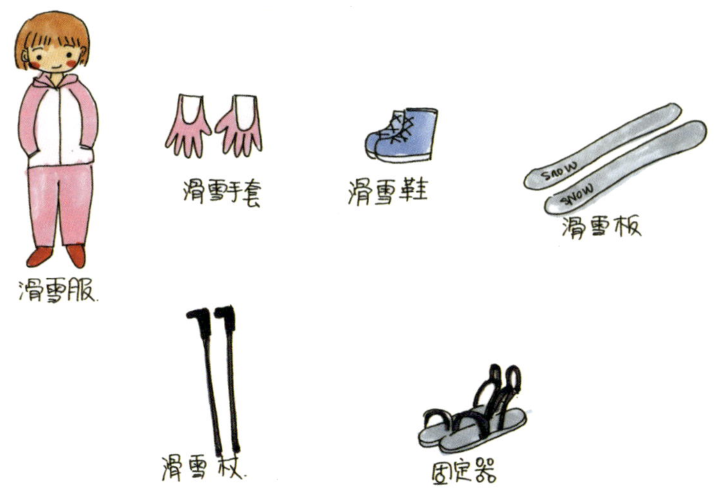

注意事项

1. 不带宝宝去温度过低的滑雪场，最低不要低于-12℃；

2. 空气湿度不大于80%较好；

3. 进入滑雪场前，先要排除宝宝是否患有扁桃腺炎、上颌窦炎、鼻炎、耳炎等耳鼻喉科慢性病症，以及慢性肾盂肾炎、膀胱炎或其他泌尿系统和生殖系统炎症，还有患有气喘性支气管炎或支气管气喘等疾病；

4. 流感刚痊愈的宝宝慎去滑雪场。

由于宝宝年龄较小，我们带他来的目的主要是打开眼界，见识滑雪这个项目而已，并没有打算真正让他学会滑雪。不过装备还是给他一应具备，体验一番脚踩滑雪板在雪地“滑行”的滋味。

本来我们计划陪宝宝一起滑的，一对有经验的夫妇告诉我们这几乎很难。孩子需要两个大人陪同，大人如果换了雪靴，连行走都困难了，何况我们也是滑雪初学者，最后不但滑不了，反而更会累得筋疲力尽。听取他们的经验，我们决定放弃自己滑雪，全心全意地陪孩子玩一次。

给宝宝选择的是市场上最小的滑雪板、滑雪杖，滑雪杖的高度稍微超过宝宝的腋下，算匹配了。

所以，想让孩子真正体会一番滑雪的乐趣，最好是身高超过90CM，否则驾驭不了工具。

后记 | 如果可以

如果可以，我希望孩子能一直玩下去，玩乐一生，我希望生活就是一种玩乐，没有那么多包袱；

如果可以，我希望这本书一直写下去，伴随孩子一生，着实记录，带给读者永不凋零的快乐。

但我们知道，大多数的如果都只是如果，所以我不得不在这里，写下一个小小的句号。

为什么这本书写到宝宝3岁呢？在我看来，上了幼儿园，孩子的玩儿就是完全另一番景象。而最为纯粹和自由的玩，还是在宝宝3岁之前，无论我有多么不希望如此，它就是我眼光有限，所看到的事实。

这本书的最初，其实也经历了诸多的波折。比如很多妈妈都说这么小的孩子，不适宜带出去玩，0~3岁关在家里吃饱喝足就好，最欢乐的玩儿就是认图识字玩游戏。但在我看来，这三年，只要父母们掌握一定的出游经验，找一些周末、寒暑假、年假的休息时间，甚至于可以偶尔为之地请个小假，避开人群，带宝宝出去远足、旅游，都是极好的。外面没有那么多灾难，天气没有那么不堪，孩子更没有那么脆弱。

实际情况表明，孩子在旅途中的不适是极少的，而快乐是明显的，这令我欣慰。

对男孩来说，到外面去玩儿，是一种历练。大自然会帮助父母磨炼孩子的心智，这不关乎年龄，而是成长的必经之路。只要带他出去，他将会获得更多的机会和更全面的感受。

对于女孩来说，到外面去玩儿，是一种见识，见识生活中各种的可能，而不仅仅局限于眼前的玩具和食物。女孩的强大不正是在于她有一颗海纳百川的心，以及不在任何诱惑面前迷失的达观吗？这些教不来的东西，旅行却会让她朦胧地感受到，这多珍贵。

无论男孩女孩，对他们影响最深的，正是家庭与环境，所以我推崇这种家庭式的出游方式，旅途中的每件小事都能成为家庭影响孩子的教育案例。当我们遇到困难而想办法去解决的过程也都是最行动派的教育方式，我希望旅途能给他们创造更多这种受教育与约束的机会。

当然，我的表达还非常有限，尽管我想了表格、插图、插画等各种方式，尽可能全面地向大家展示，推动更多家庭动起来。我也深知自己的不足，当我交出书稿后，便开始虔诚地听取各方意见，也非常幸运地在父母团中找到了一些与自己有共鸣的知音。不管怎么样，我感谢有这么一次撰写的旅程。

最后，特别感谢为本书摄制精美图片的武汉小阿福婴童文化元用品有限公司，由杨总杨小梅女士带领的团队（摄影师袁杰老师、助理黄文华女士）给了我们非常好的创意和服务。还要感谢本书的插画师熊样（周洁）小姐，以及为本书贡献出许多资料与信息的陈思思、方颂夫妇，肖玲、张志发夫妇，谢娟、陈赢夫妇，曹雅倩、陈春芳老师，由张熙秋、陈彦敏、陈怡、陆家琪组成的爸爸团，以及为本书担当模特的蔻蔻和涵涵两位小朋友。

如果可以，希望还能有更棒的旅程带给大家！

姜靓书于2012/12/26晚